一口氣看懂
世界金融關鍵指標

成為投資大贏家

劉教授————著

推薦序
PREFACE

從關鍵指標洞察經濟全貌 ─────────────

劉教授（博士）是我的摯友，相識二十餘年。

金融領域是劉教授的專長，鑽研已數十年，實務及學術素養兼備，涉獵及研究範圍廣闊，包括：銀行授信、財富管理業務、不動產投資、國際金融、風險管理等。

本人在金融業服務三十餘年，對劉教授的淵博學識及熟悉實務甚為欽佩。尤有甚者，劉教授身為大學教授，教育莘莘學子不遺餘力，又侍父母至孝，對人生又有其獨到見識，身體力行。與其相識二十餘年，收穫滿滿。

每次拜讀劉教授的著作，除佩服其見解，也對劉教授能洞察金融領域缺乏的專書，以其專業出版一本本切合市場需要的好書拍手叫好。

此次劉教授再度出版專書，有系統地告訴讀者，在各國媒體廣泛報導與金融、總經相關的景氣、通膨、就業、利率水準等相關數據或指標的意義及其變化的影響，以及如何在官方網站取得資料。讓讀者從這本書中可了解全貌，勢必又是一本能切合市場需要的好書。

我收到劉教授的邀請，為其著作撰寫推薦序，身為摯友，又非常佩服劉教授的學識及為人，能為其大作寫推薦序文，是我的榮幸。

兆豐銀行風險管理處前處長　陳達生

序
PREFACE

搞懂關鍵經濟指標,投資不再走錯方向 ——————

　　為了對抗通膨,美國聯準會已從 2022 年開始連續升息,影響美國與國際金融市場。截至 2023 年 1 月,聯準會已經升息了 10 次,合計 20 碼(5%);台灣則升息 5 次,合計 3 碼。但從 FedWatch 及聯準會利率點陣圖預測看來,發現未來降息機率大增,金融市場也將在利率調整下,產生巨大衝擊。

　　本書希望讓讀者了解如何查詢美國金融指標,更希望藉由解讀金融指標,幫助讀者了解目前投資的金融商品,究竟是處於買點還是賣點。本書除了詳細說明各個指標的定義及現狀,也希望養成讀者對美國金融市場的宏觀思維。

　　筆者自 2011 年博士班畢業後,就在學術及工作生涯中鑽研不動產及投資商品,每次在大學開課時,學生總是紛紛搶修;在不動產專題演講及投資理財教育訓練中,也獲業界好評;也多次獲邀至專業研究機構聯合徵信中心,舉辦專題演講……相信本書的出版,將可滿足產、官、學的期待。個人也期許本書能培育更多金融專業人才,以及教育一般讀者更認識金融商品。

本書有以下四大特色:

1 — 理論與實務結合

　　筆者除了具有研究背景,更擁有豐富的金融機構實務經驗,所以對每項議題皆能提供理論與實務結合的觀點。

2 — 提供指標幫助決策

本書提到的許多金融指標及數據彼此相關，並提供投資者美國金融指標的綜合判讀。

3 — 適合學界與業界

本書理論與實務兼具，在學界適合研究生研讀，在業界也適用銀行、保險、證券、投信、投顧，以及銀行理專人員。另，本書也適合想要穩定債券配息的投資人。

4 — 涵蓋範圍廣

筆者長期在大學教授不動產及投資理財課程，也長期在業界舉辦專題演講或教育訓練，在授課中及工作實務中，也常對於學生、聽課者提供投資建議。所以該書的資料及應用範圍非常廣，準確性也高。

寫書是浩大且辛苦的工程，這是我的第五本書，本書誕生的這一年，適逢家父逝世一周年紀念，希望藉本書向父親傾訴心中的思念，以及表達對母親生養的感恩之心。未來的日子，期許自己能將陪伴母親的喜悅分享他人，並希望更多的父母親與子女能共享天倫之樂。

劉 教 授

目錄
CONTENTS

03

影響聯準會利率政策最重要的關鍵（一）：就業

04

影響聯準會利率政策最重要的關鍵（二）：物價

05 美國聯準會如何操控利率 140

06 預判聯準會決策讓投資勝率更高 156

CHAPTER 01

找到牽動全球投資
的關鍵密碼

由於美國經濟狀況對全球金融市場有著顯著的影響，對於投資者而言，進行任何金融商品的投資，都必須參考美國經濟數據和美國聯準會的利率政策，如此將有助於讀者做投資決策。因此本章將介紹美國各研究機構及如何操作，並帶讀者了解各研究機構所提供美國的總體經濟指標，及指標數據所呈現美國的經濟狀況。

美國聯準會（Fed）雖然只是美國的中央銀行，但其利率的變動及動態卻會透過股市、債市及匯市的變動，傳導到全球金融市場（當然包括台灣）。身為投資人的讀者，首先必須了解美國經濟大趨勢及了解聯準會利率變化的影響，因為它是我們管理財富重要的第一步。

過去聯準會調高目標基準利率範圍後，影響層面廣闊及深遠，因為聯準會公布後的利率將會影響到匯率及個人借貸，甚至影響物價、股票及房地產市場。一般而言，美國升息會造成國外資金流入美國而導致美元上漲，另一方面也可能導致美國經濟衰退的風險，吸引投資人投資債券而放棄股票，導致股市資金流入安全性及流動性較高的債券市場。利率調高後也會造成銀行借貸成本上升，所以銀行會想將成本轉嫁給消費者，導致投資機會成本與房貸利率同步上漲。

若造成美國經濟軟著陸後，美國又將調降利率以因應經濟衰退的影響，所以美國經濟出現不同狀況時，將會用不同方法挽救經濟，故讀者必須看懂美國經濟及聯準會未來的政策，才能安穩的投資及獲利。

近幾年來，投入各種多元金融商品的投資人越來越多，且市場也不僅限於台灣與台幣計價的投資商品，許多投資人開始開立外幣帳戶及複委託帳戶，將資金轉向投資、美債、外幣定存、外匯及美元保單等項目，畢竟美國是最大的消費市場。

　　另外讀者平常打開各大報章雜誌的投資專刊，都有許多金融商品的報價表，如債券、美股、石油、黃金和原物料，而報價的計價幣別都是美元，例如，2024 年 1 月黃金價格為一盎司黃金約 2,000 美元，石油為每桶約 70 美元。因此投資人除了要熟悉自己投資的金融商品外，對美元的升貶更要深入了解，不要賺了該金融商品的價差而賠了匯差。因此，美元該何時進場，美債和美股該何時投資，就是讀者必須深入了解的課題。

　　另外，每隔一段時間，媒體就會報導美國聯準會決議要升息還是降息，並且聯準會也會說明升息或降息，是參考美國勞動市場的非農就業[1]是否增加、美國就業市場薪資是否上升、美國商品市場的二手車價格及房租成本是否上升而引起通膨，以及美國貨幣市場資金是否緊俏。而且聯準會的升降息動作會牽動市場利率，進而影響資金流向，及匯率強弱，並且牽動美股、美債及其他金融商品的投資。

　　為了讓讀者了解聯準會的運作及升降息，並且深入解析美國勞動市場、商品市場及貨幣市場的經濟數據，本書直接介紹美國經濟數據的原提供單位，引導讀者一步一步看懂，並告訴讀者該如何解讀這些數據，以及如何運用在投資市場。

---

1 當美國非農就業人口（排除農業就業人口，如製造業，營建業和服務業）增加時，代表美國經濟好轉，故需要雇用更多勞工生產，企業獲利造成美股上漲，因此藉由非農就業數據可以預測聯準會後續利率走向。

1-1 聯準會經濟資料庫：超過 80 萬筆總經數據

聯準會經濟資料庫（FRED，Federal Reserve Economic Data）是由美國聖路易聯邦儲備銀行（Federal Reserve Bank of St. Louis）的研究部負責維護的，是可提供投資人操作的線上數據庫，包含來自全球（主要以美國為主）的公部門及私人研究機構的經濟數據。其中包含 81 萬 6,000 多個經濟時間序列，它們涵蓋銀行、商業／財政、消費物價指數、就業和人口、匯率、國內生產毛額、利率、貨幣總量、生產者價格指數、儲備和貨幣基礎、美國貿易和國際交易以及美國金融數據。

根據聯準會官網的數據顯示，以 2023／12／21 為例，在聯準會經濟資料庫的網站，你可以找到 82 萬 3,000 項的總經數據，其中包含美國以及其他國家的公家統計資料以及私人企業發布的數據，也可以查詢美國歷史總體經濟數據（包括消費者物價指數、國內生產毛額、通貨膨脹等）。

舉例來說，若讀者想要了解美國 10 年期公債殖利率的相關數據，可以先進入聯準會經濟資料庫網頁，然後直接在搜尋框內打入「10-Year U.S. Treasury Yield」（如下圖藍框處），輸入後產生結果，最後讀者可將美國 10 年期公債殖利率的檔案打開（如圖 1-1-2）。

圖 1-1-1 在 FRED 網頁查詢美國 10 年期公債殖利率相關數據

資料來源：聯準會經濟資料庫

圖 1-1-2 下載美國 10 年期公債殖利率檔案

資料來源：聯準會經濟資料庫

　　圖 1-1-3 為 2023／12／18 美國 10 年期公債殖利率下載的結果，可發現在聯準會經濟資料庫中，2023／12／18 美國 10 年期當天公債殖利率為 3.95％，可發現當時債券價格趨勢向上及公債殖利率向下，是因為投資者預期美國經濟逐漸衰退及通膨慢慢走低情況下，美國聯準會將會採取降息刺激經濟，並且美國降息會讓債券價格上漲，而形成公債殖利率下跌的情況。

圖 1-1-3 預覽要下載的美國 10 年期公債殖利率圖

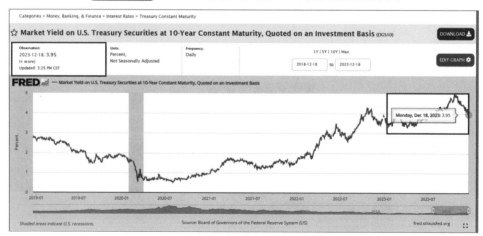

資料來源：聯準會經濟資料庫

1-2 美國勞工統計局：經濟和勞動力市場數據

美國勞工統計局（BLS，Bureau of Labor Statistics）是一個聯邦機構，負責收集和發布有關美國經濟和勞動力市場的各種數據，其報告包括消費者價格指數（CPI）和生產者價格指數（PPI），兩者的價格指數均是聯準會衡量通貨膨脹的重要指標。

首先讀者進入美國勞工統計局首頁，點選首頁標題列之 SUBJECTS（主題分類），點選後結果如圖 1-2-1，可以發現有許多美國經濟數據的分類，包括物價指數中的消費者價格指數及生產者價格指數等。

另外也包括美國失業率及美國就業報告等，讀者可先點選 Inflation&Prices 細項中的 CPI（圖 1-2-1 藍框處），點選後產生圖 1-2-2 中 CPI（消費者物價指數）內容。內容中分為兩個構面，左邊構面是消費者物價指數數據用 CHARTS（圖形呈現），右邊構面用文字呈現最新消費者物價指數的摘要，點選藍框處後產生圖 1-2-3（CHARTS）及圖 1-2-4（SUMMARY）。

圖 1-2-1 美國勞工統計局依照主題分為物價指數、失業率及就業報告等

| HOME ∨ | SUBJECTS ∨ | DATA TOOLS ∨ | PUBLICATIONS ∨ | ECONOMIC RELEASES ∨ | CLASSROOM ∨ | BETA ∨ |

Inflation & Prices »

Consumer Price Index

Producer Price Indexes

Import/Export Price Indexes

Contract Escalation

Price Index Research

Pay & Benefits »

Employment Cost Index

Employer Costs for Employee Compensation

Wage Data by Occupation

Earnings by Demographics

Earnings by Industry

County Wages

Benefits

Modeled Wage Estimates

Compensation Research

Strikes & Lockouts

Unemployment »

National Unemployment Rate

State & Local Unemployment Rates

Unemployment Research

Employment »

National Employment

State & Local Employment

County Employment

Worker Characteristics

American Indian Report

Employment Projections

Job Openings & Labor Turnover Survey

Business Response Survey

Employment by Occupation

Work Experience Over Time

Business Employment Dynamics

Foreign Direct Investment

Employment Research

Productivity »

Labor and Total Factor Productivity

Productivity Research

Spending & Time Use »

Consumer Expenditures

How Americans Spend Time

International »

International Technical Cooperation

Import/Export Price Indexes

Geographic Information »

Northeast (Boston-New York)

Mid-Atlantic (Philadelphia)

Southeast (Atlanta)

Midwest (Chicago)

Southwest (Dallas)

Mountain-Plains (Kansas City)

資料來源：美國勞工統計局

圖 1-2-2　美國消費者物價指數資料

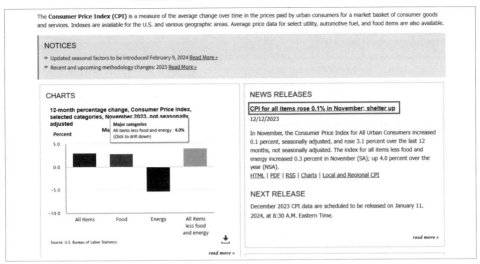

資料來源：美國勞工統計局

圖 1-2-3　美國勞工統計局 CPI 細部選項

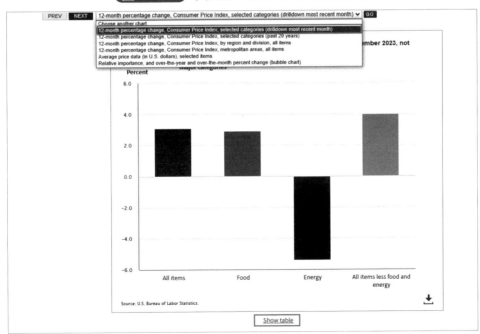

資料來源：美國勞工統計局

圖 1-2-4 美國 CPI 及細項數據

Hide table

12-month percentage change, Consumer Price Index, selected categories, November 2023, not seasonally adjusted

Category	12-month percent change, Nov 2023
All items	3.1%
Food	2.9%
Food at home	1.7%
Cereals and bakery products	3.4%
Meats, poultry, fish, and eggs	0.1%
Dairy and related products	-1.4%
Fruits and vegetables	0.4%
Nonalcoholic beverages and beverage materials	2.9%
Other food at home	3.3%
Food away from home	5.3%
Full service meals and snacks	4.3%
Limited service meals and snacks	6.0%
Energy	-5.4%
Energy commodities	-9.8%
Fuel oil	-24.8%
Gasoline (all types)	-8.9%
Energy services	-0.1%
Electricity	3.4%

資料來源：美國勞工統計局

　　讀者可在圖 1-2-2 點選 read more（讀取更多資料），然後進入美國勞工統計局 CPI（消費者物價指數）細部選項，讀者可選取自己想要消費者物價指數的某個選項。圖 1-2-2 中我們選取消費者物價指數細項的年增率，內容包括消費者物價指數的年增率（All items）、核心消費者物價指數的年增率（All items less food and energy）、食物物價指數年增率（Food）及能源物價指數年增率等（energy）。若讀者相要更深入了解消費者物價指數細項的年增率，可以選取 Show table（展示表格內容），如圖 1-2-3 提供更多 CPI 細項。

　　讀者可在圖 1-2-2 選取最新消費者物價指數的摘要（藍框處），選取

打開後產生圖 1-2-5 消費者物價指數摘要，內容提供許多消費者物價指數指標年增率的說明。另外內容中也提供圖 1-2-6 的美國 CPI、核心 CPI 及細項各項商品之物價指數年增率，如美國 CPI 年增率 3.1％、美國核心 CPI 年增率 4.0％、美國食品年增率 2.9％及美國能源年增率-5.4％等。

圖 1-2-5 消費者物價指數摘要

Economic News Release

Consumer Price Index Summary

Transmission of material in this release is embargoed until
8:30 a.m. (ET) Tuesday, December 12, 2023   USDL-23-2563

Technical information: (202) 691-7000 * cpi_info@bls.gov * www.bls.gov/cpi
Media contact: (202) 691-5902 * PressOffice@bls.gov

CONSUMER PRICE INDEX - NOVEMBER 2023

The Consumer Price Index for All Urban Consumers (CPI-U) increased 0.1 percent in November on a seasonally adjusted basis, after being unchanged in October, the U.S. Bureau of Labor Statistics reported today. Over the last 12 months, the all items index increased 3.1 percent before seasonal adjustment.

The index for shelter continued to rise in November, offsetting a decline in the gasoline index. The energy index fell 2.3 percent over the month as a 6.0-percent decline in the gasoline index more than offset increases in other energy component indexes. The food index increased 0.2 percent in November, after rising 0.3 percent in October. The index for food at home increased 0.1 percent over the month and the index for food away from home rose 0.4 percent.

The index for all items less food and energy rose 0.3 percent in November, after rising 0.2 percent in October. Indexes which increased in November include rent, owners' equivalent rent, medical care, and motor vehicle insurance. The indexes for apparel, household furnishings and operations, communication, and recreation were among those that decreased over the month.

The all items index rose 3.1 percent for the 12 months ending November, a smaller increase than the 3.2-percent increase for the 12 months ending October. The all items less food and energy index rose 4.0 percent over the last 12 months, as it did for the 12 months ending October. The energy index decreased 5.4 percent for the 12 months ending November, while the food index increased 2.9 percent over the last year.

資料來源：美國勞工統計局

圖 1-2-6 美國 CPI、核心 CPI 及細項各項商品之物價指數年增率

Seasonally adjusted changes from preceding month								adjusted 12-mos. ended Nov. 2023
	May 2023	Jun. 2023	Jul. 2023	Aug. 2023	Sep. 2023	Oct. 2023	Nov. 2023	
All items	0.1	0.2	0.2	0.6	0.4	0.0	0.1	3.1
Food	0.2	0.1	0.2	0.2	0.2	0.3	0.2	2.9
Food at home	0.1	0.0	0.3	0.2	0.1	0.3	0.1	1.7
Food away from home	0.5	0.4	0.2	0.3	0.4	0.4	0.4	5.3
Energy	-3.6	0.6	0.1	5.6	1.5	-2.5	-2.3	-5.4
Energy commodities	-5.6	0.8	0.3	0.5	2.3	-4.9	-5.8	-9.8
Gasoline (all types)	-5.6	1.0	0.2	0.6	2.1	-5.0	-6.0	-8.9
Fuel oil(1)	.7	0.4	3.0	9.1	8.5	-0.8	-2.7	-24.8
Energy services	.4	0.4	-0.1	0.2	0.6	0.5	1.7	-0.1
Electricity	1.0	0.9	-0.7	0.2	1.3	0.3	1.4	3.4
Utility (p...)	-2.6	-1.7	2.0	0.1	1.9	1.2	2.8	-10.4
All items less food and energy	0.4	0.2	0.2	0.3	0.3	0.2	0.3	4.0
Commodities less food and energy commodities	0.6	0.1	-0.3	-0.1	-0.4	-0.1	-0.3	0.0
New vehicles	-0.1	0.0	-0.1	0.3	0.3	-0.1	-0.1	1.3
Used cars and trucks	4.4	0.5	-1.3	-1.2	-2.5	-0.8	1.6	-3.8
Apparel	0.3	0.3	0.0	0.2	0.8	0.1	-1.3	1.1
Medical care commodities(1)	0.6	0.2	0.5	0.6	-0.3	0.4	0.5	5.0
Services less energy services	0.4	0.3	0.4	0.4	0.6	0.3	0.5	5.5
Shelter	0.6	0.4	0.4	0.3	0.6	0.3	0.4	6.5
Transportation services	0.8	0.1	0.3	2.0	0.7	0.8	1.1	10.1
Medical care services	-0.1	0.0	-0.4	0.1	0.3	0.3	0.6	-0.9

（標註）美國CPI年增率/3.1%；美國食品年增率；美國能源年增率/-5.4%；美國核心CPI年增率/4.0%

資料來源：美國勞工統計局

1-3　美國經濟分析局：GDP、PCE看這裡

　　美國經濟分析局（BEA, Bureau of Economic Analysis）也是一個非常重要的機構，是隸屬於美國商務部的機構。該機構與人口普查局（Census Bureau）都是商務部的經濟和統計管理組成機構，該機構也負責公布美國經濟及行業的統計數據，以及有關美國國內生產總值（GDP）和各個市／鎮／鄉／村／縣和大都市區的數據。其中個人消費支出指數（PCE, Personal Consumption Expenditure），已經成為近年美國聯準會制訂貨幣政策最重要的依據，因為該指標較衡量的項目較多，且權重更新的速度也較消費者價格指數（CPI）快。

　　PCE 指數是美國經濟分析局每個月公布的經濟數據，由醫療保健、房屋、休閒娛樂、交通、食品飲料、金融服務六個項目構成，與 CPI 指數觀念相同，都是用來衡量通貨膨脹。當季經濟數據公布的時間分別為下一季

的第一個月（**Advance estimate／初值**），下一季的第二個月（**Second estimate／修正值**）及下一季的第三個月（**Third estimate／終值**），公布時間可參考表 1-3-1（美國經濟成長率的年增率）及表 1-3-2（美國核心 PCE 的年增率）的實際範例說明。

表 1-3-1 美國經濟成長率初值、修正值及終值

經濟數據	初值 Advance estimate	修正值 Second estimate	終值 Third estimate
定義	該季度結束後的第一個月	該季度結束後的第二個月	該季度結束後的第三個月
舉例 （2023 第三季）	美國第三季初值	第三季修正值	第三季終值
數據	4.9%（10 月公布）	5.2%（11 月公布）	4.9%（12 月公布）

資料來源：美國經濟分析局

表 1-3-2 美國核心 PCE 之初值、修正值及終值

經濟數據	初值 Advance estimate	修正值 Second estimate	終值 Third estimate
定義	該季度結束後的第一個月	該季度結束後的第二個月	該季度結束後的第三個月
舉例 （2023 第三季）	美國第三季初值	第三季修正值	第三季終值
數據	2.4%（10 月公布）	2.3%（11 月公布）	2.0%（12 月公布）

資料來源：美國經濟分析局

　　為了實際了解美國經濟成長率及通貨膨脹率，讀者可以進入美國經濟分析局首頁（圖 1-3-1），進入點選 Current Release，可發現美國第三季經濟成長率的摘要（如圖 1-3-2、圖 1-3-3 藍框處）及美國經濟成長率年增率和 PCE 物價通膨年增率的公布表（如圖 1-3-4 藍框處）。

圖 1-3-1　美國經濟分析局首頁

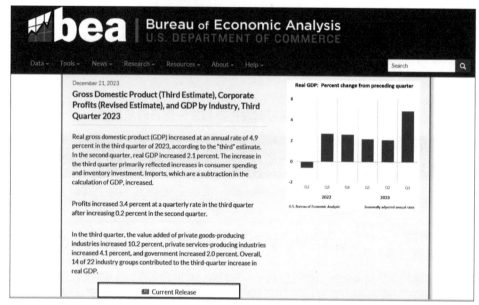

資料來源：美國經濟分析局

圖 1-3-2　美國經濟成長率摘要（1）：以 2023 年第三季為例

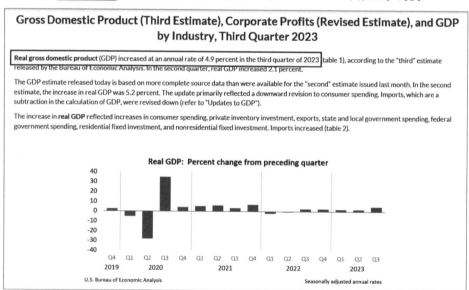

資料來源：美國經濟分析局

圖 1-3-3 美國經濟成長率及個人所得摘要（2）：以 2023 年第三季為例

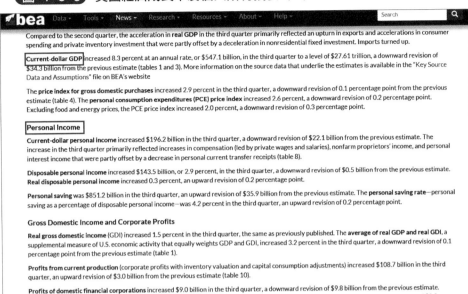

資料來源：美國經濟分析局

圖 1-3-4 經濟摘要揭露美國經濟重要數據：如 2023 年第三季 GDP 終值下修至 4.9%，PCE 物價指數降溫

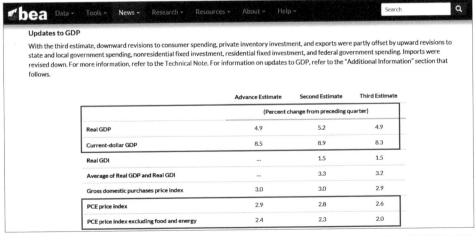

資料來源：美國經濟分析局

1-4 美國聯準會：必看經濟預測摘要

聯邦準備系統（Federal Reserve System，縮寫 FRS，簡稱美聯準或 Fed）是美國的中央銀行體系，依據美國國會通過的 1913 年《聯邦準備法案》而創設，以避免再度發生類似 1907 年的銀行危機。

整個系統包括聯邦準備理事會、聯邦公開市場委員會、聯邦準備銀行、三千家會員銀行及 3 個諮詢委員會（Advisory Councils），總部位於華盛頓特區埃克斯大樓。聯準會是由 12 家聯邦儲備銀行以及公開市場操作委員會（FOMC）所組成，並且每年 FOMC 召開 8 次會議，平均每隔 6 周舉行一次。

在每年舉辦 8 次的會議之中，聯準會成員會在每個季度（3 月、6 月、9 月、12 月）發表他們的經濟預測總結及召開會議後公布美國利率政策，利率政策主要內容包括從現在到未來 3 年的政策利率（如圖 1-4-1 藍框處）及實際 GDP、PCE 等主要經濟指標的預測內容。組成包含理事會、紐約聯儲行長為永久票委，其他則由聯儲行長每年 4 人輪流擔任，並以投票方式決定貨幣政策。

圖 1-4-1 FED ／ Federal Reserve System（聯準會，聯邦準備系統）首頁

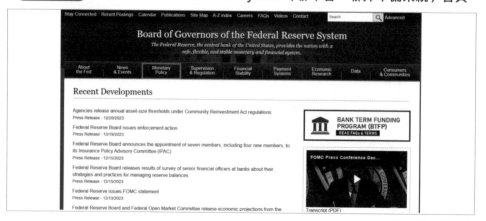

資料來源：聯準會

聯準會創立時有 3 大任務，其中兩項為聯準會最重要的使命，分別是維持美國就業穩定及長期穩定物價，第三項為調控長期利率。另外美國聯準會主要的貨幣政策策略有：升降息、量化寬鬆及緊縮及縮減購債。

另外聯準會還有一項重要的任務，是負責收集全國各地經濟的數字，並將這些經濟資料彙總提供給聯準會和 FOMC，以利 FOMC 做出合適的貨幣政策。這項經濟數字報告經彙整後，聯準會將在 FOMC 利率決策會議前二周的星期三向公眾發布，也就是俗稱的「褐皮書」（Beige Book）。

聯準會除了先前提供褐皮書及透過貨幣政策影響利率外，另外常見的報告有聯邦公開市場委員會聲明（Federal Open Market Committee Statement）、FOMC 會議紀要（Minutes）、經濟預測摘要（SEP）、資產負債表（Balance Sheet）及商業銀行資產負債狀況（Assets and Liabilities of Commercial Banks）等，其中經濟預測摘要最為重要，因為內容中包括主要幾項重點如下：

一、**實質 GDP 成長率預期**（Real GDP Growth Rate）：
數值指標明確地反映了 FOMC 成員對美國未來經濟成長率的預期。

二、**失業率預期**（Unemployment Rate）：
由於就業會帶來需求，而由需求再行推動經濟體。因此失業率也長期被作為衡量勞動市場健康程度的指標，可以用於評估景氣循環的位置。

三、**通膨率預期**（Inflation Rate）：
會使用代表物價水準的個人消費支出指數（Price Consumption Expenditure , PCE）作為預期。

四、利率預期－點陣圖（Dot Plot）：

點陣圖反映 FOMC 與會成員對未來利率走勢的預期，對市場而言是十分重要的資訊。除了暗示利率政策走勢外，也反映了票委、非票委間對於經濟情勢的預期，可以說是上述各項預期的集大成。以下讓讀者進一步了解 FOMC 開會的內容：

以 FOMC 在 2023 年 12 月開會為例，時間為 12 月 12 至 13 日，FOMC 提供 5 大重要資料。

1. 新聞稿發布／決策聲明：

FOMC 會在每次會議後、在官網發布貨幣政策聲明，詳細說明利率調整理由、經濟數據評估和未來政策方向，聲明文字通常較為中性，但言論總體反映委員會的政策立場，新聞稿內容可以點選圖 1-4-2 的 12 月／STATEMENT 的決策聲明，並產生新聞稿內容結果（如圖 1-4-3）。

圖 1-4-2 會議日期及紀錄摘要（2023 年 9 月、12 月預測文件／PDF）

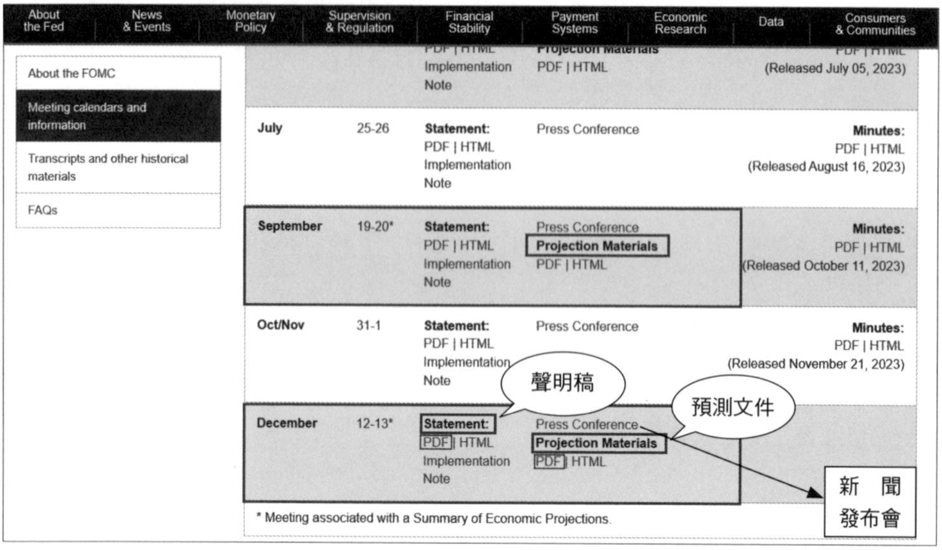

資料來源：聯準會

圖 1-4-3 聯準會 2023 年 12 月聲明稿

FEDERAL RESERVE press release

For release at 2:00 p.m. EST   December 13, 2023

    Recent indicators suggest that growth of economic activity has slowed from its strong pace in the third quarter. Job gains have moderated since earlier in the year but remain strong, and the unemployment rate has remained low. Inflation has eased over the past year but remains elevated.

    The U.S. banking system is sound and resilient. Tighter financial and credit conditions for households and businesses are likely to weigh on economic activity, hiring, and inflation. The extent of these effects remains uncertain. The Committee remains highly attentive to inflation risks.

    The Committee seeks to achieve maximum employment and inflation at the rate of 2 percent over the longer run. In support of these goals, the Committee decided to maintain the target range for the federal funds rate at 5-1/4 to 5-1/2 percent. The Committee will continue to assess additional information and its implications for monetary policy. In determining the extent of any additional policy firming that may be appropriate to return inflation to 2 percent over time, the Committee will take into account the cumulative tightening of monetary policy, the lags with which monetary policy affects economic activity and inflation, and economic and financial developments. In addition, the Committee will continue reducing its holdings of Treasury securities and agency debt and agency mortgage-backed securities, as described in its previously announced plans. The Committee is strongly committed to returning inflation to its 2 percent objective.

資料來源：聯準會

2. 會議紀要：

    在 FOMC 舉行之後，大約 3 星期就會公開會議紀要，在這份會議紀要之中，會揭露決策聲明或記者會上沒有公開的討論內容，也就是會議期間，所有與會者發表的意見。

3. 聯準會主席記者會：

當 FOMC 會議後，通常聯準會主席會舉行記者會，口頭闡述利率決定，並回答記者提問。透過記者會，可以了解聯準會利率調整原因和未來走向，記者內容可以點選圖 1-4-2 之 12 月／Press Conference 的記者會內容，並產生聯準會主席發表記者會影片內容（圖 1-4-4）。

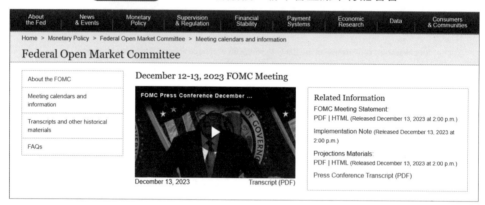

圖 1-4-4 FOMC 會議後，聯準會主席舉行記者會

資料來源：聯準會

4. FOMC 會議記錄：

可以同樣在聯準會官網中的 Meetings → MeetingMaterials 找到過去所有 FOMC 會議記錄的 PDF 文件，可以參考圖 1-4-2 之 12 月／PROJECTIONS MATERIALS。

5. 經濟預測總結（Summary of Economic Projections）：

主要會包含政策利率、實際 GDP、失業率、個人消費支出指數通貨膨脹率、核心個人消費支出指數通貨膨脹率、今後 3 年的預測值及利率點陣圖（參考圖 1-4-6、圖 1-4-7 及圖 1-4-8）。

圖 1-4-5 點選 Meeting calendars and information 進入經濟預測摘要

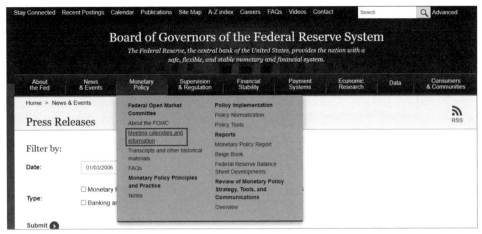

資料來源：聯準會

圖 1-4-6 美國經濟預測與摘要（1）

For release at 2:00 p.m., EST, December 13, 2023

Summary of Economic Projections

In conjunction with the Federal Open Market Committee (FOMC) meeting held on December 12–13, 2023, meeting participants submitted their projections of the most likely outcomes for real gross domestic product (GDP) growth, the unemployment rate, and inflation for each year from 2023 to 2026 and over the longer run. Each participant's projections were based on information available at the time of the meeting, together with her or his assessment of appropriate monetary policy—including a path for the federal funds rate and its longer-run value—and assumptions about other factors likely to affect economic outcomes. The longer-run projections represent each participant's assessment of the value to which each variable would be expected to converge, over time, under appropriate monetary policy and in the absence of further shocks to the economy. "Appropriate monetary policy" is defined as the future path of policy that each participant deems most likely to foster outcomes for economic activity and inflation that best satisfy his or her individual interpretation of the statutory mandate to promote maximum employment and price stability.

資料來源：聯準會

圖 1-4-7　美國經濟預測與摘要（2）

Table 1. Economic projections of Federal Reserve Board members and Federal Reserve Bank presidents, under their individual assumptions of projected appropriate monetary policy, December 2023

Percent

Variable	Median[1]					Central Tendency[2]					Range[3]				
	2023	2024	2025	2026	Longer run	2023	2024	2025	2026	Longer run	2023	2024	2025	2026	Longer run
Change in real GDP	2.6	1.4	1.8	1.9	1.8	2.5-2.7	1.2-1.7	1.5-2.0	1.8-2.0	1.7-2.0	2.5-2.7	0.8-2.5	1.4-2.5	1.6-2.5	1.6-2.5
September projection	2.1	1.5	1.8	1.8	1.8	1.9-2.2	1.2-1.8	1.6-2.0	1.7-2.0	1.7-2.0	1.8-2.6	0.4-2.5	1.4-2.5	1.6-2.5	1.6-2.5
Unemployment rate	3.8	4.1	4.1	4.1	4.1	3.8	4.0-4.2	4.0-4.2	3.9-4.3	3.8-4.3	3.7-4.0	3.9-4.5	3.8-4.7	3.8-4.7	3.5-4.3
September projection	3.8	4.1	4.1	4.0	4.0	3.7-3.9	3.9-4.4	3.9-4.3	3.8-4.3	3.8-4.3	3.7-4.0	3.7-4.5	3.7-4.7	3.7-4.5	3.5-4.3
PCE inflation	2.8	2.4	2.1	2.0	2.0	2.7-2.9	2.2-2.5	2.0-2.2	2.0	2.0	2.7-3.2	2.1-2.7	2.0-2.5	2.0-2.7	2.0
September projection	3.3	2.5	2.2	2.0	2.0	3.2-3.4	2.3-2.7	2.0-2.3	2.0-2.2	2.0	3.1-3.8	2.1-3.5	2.0-2.9	2.0-2.7	2.0
Core PCE inflation[4]	3.2	2.4	2.2	2.0		3.2-3.3	2.4-2.7	2.0-2.2	2.0-2.1		3.2-3.7	2.3-3.0	2.0-2.6	2.0-2.3	
September projection	3.7	2.6	2.3	2.0		3.6-3.9	2.5-2.8	2.0-2.4	2.0-2.3		3.5-4.2	2.3-3.6	2.0-3.0	2.0-2.9	
Memo: Projected appropriate policy path															
Federal funds rate	5.4	4.6	3.6	2.9	2.5	5.4	4.4-4.9	3.1-3.9	2.5-3.1	2.5-3.0	5.4	3.9-5.4	2.4-5.4	2.4-4.9	2.4-3.8
September projection	5.6	5.1	3.9	2.9	2.5	5.4-5.6	4.6-5.4	3.4-4.9	2.5-4.1	2.5-3.3	5.4-5.6	4.4-6.1	2.6-5.6	2.4-4.9	2.4-3.8

NOTE: Projections of change in real gross domestic product (GDP) and projections for both measures of inflation are percent changes from the fourth quarter of the previous year to the fourth quarter of the year indicated. PCE inflation and core PCE inflation are the percentage rates of change in, respectively, the price index for personal consumption expenditures (PCE) and the price index for PCE excluding food and energy. Projections for the unemployment rate are for the average civilian unemployment rate in the fourth quarter of the year indicated. Each participant's projections are based on his or her assessment of appropriate monetary policy. Longer-run projections represent each participant's assessment of the rate to which each variable would be expected to converge under appropriate monetary policy and in the absence of further shocks to the economy. The projections for the federal funds rate are the value of the midpoint of the projected appropriate target range for the federal funds rate or the projected appropriate target level for the federal funds rate at the end of the specified calendar year or over the longer run. The September projections were made in conjunction with the meeting of the Federal Open Market Committee on September 19-20, 2023. One participant did not submit longer-run projections for the change in real GDP, the unemployment rate, or the federal funds rate in conjunction with the September 19-20, 2023, meeting, and one participant did not submit such projections in conjunction with the December 12-13, 2023, meeting.

1. For each period, the median is the middle projection when the projections are arranged from lowest to highest. When the number of projections is even, the median is the average of the two middle projections.
2. The central tendency excludes the three highest and three lowest projections for each variable in each year.
3. The range for a variable in a given year includes all participants' projections, from lowest to highest, for that variable in that year.
4. Longer-run projections for core PCE inflation are not collected.

資料來源：聯準會

圖 1-4-8　美國利率點陣圖

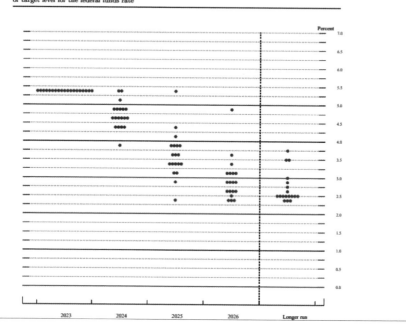

Figure 2. FOMC participants' assessments of appropriate monetary policy: Midpoint of target range or target level for the federal funds rate

資料來源：聯準會

1-5 FedWatch：預測聯準會升降息

　　FedWatch 這個網站是由芝加哥商業交易所（Chicago Mercantile Exchange, CME，簡稱芝商所）推出的一個工具網站，是公布 30 天期聯邦基金期貨價格（以美國 30 天期 500 萬美元的聯邦基金為標的物的利率期貨合約），可以預測未來聯準會升息及降息的機率及美國利率走勢，其產生的期貨價格是反映市場對聯邦基金有效利率的預期。

　　由於聯邦基金有效利率反映美國市場短期利率，加上美國市場利率也會影響到台灣的利率走向。美國是屬於大的經濟體，相對台灣是屬於小的經濟體，所以台灣的政治及經濟的決策模式，通常會以美國的政經政策為主，如高價購買美國武器及疫苗，及對於經濟及投資活動亦是多方配合，因此利率的政策台灣也是追隨者。如果美國和台灣的利差太大，會造成台灣資金外移，資金大量外移會衝擊到台灣的經濟、股市及房市，所以對利率的政策必須謹慎處理，才不至於衝擊到台灣的經濟活動。

　　由於美國聯準會發布的基準利率，一直都是投資人高度關注的指標，利率的高低會影響整個股市與債市的走勢，尤其是債市對於利率是很敏感的。目前 FedWatch 是芝加哥商業交易所用來預測聯準會未來升息降息機率的工具，因此對於關注利率的人來說相當重要，所以讀者可先進入芝商所 FedWatch 之首頁（如圖 1-5-1）。

　　當讀者進入芝商所 FedWatch 之首頁後，可透過 FedWatch 的不同功能提供讀者對於投資金融商品長期的判斷，其功能及操作方式說明如下：

　　點選未來 FOMC 開會的時間，例如我們點選下一次的會議時間 2024／1／31，接著畫面（圖 1-5-2）就可以看到對於升降息預測的機率。

　　點選 FedWatch 左側 Probabilities，接著畫面（如圖 1-5-3）可以看到未來升息機率預測。

　　點選 **FedWatch** 左側 **Historical**，接著畫面（如圖 1-5-4）為利率變化機率在未來一段時間的變化。

　　點選 **FedWatch** 左側 **DOT PLOT／CHART**，接著畫面（如圖 1-5-5）為 FOMC 委員對利率的預測。

　　圖 1-5-1 芝商所 FedWatch 首頁

資料來源：芝商所 FedWatch

　　圖 1-5-2 點選未來 2024 / 1 / 31 升降息的機率（以 2023 / 12 / 25 當日為例）

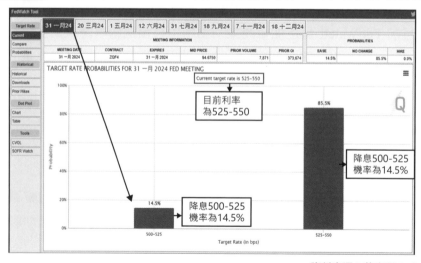

資料來源：芝商所 FedWatch

圖 1-5-3 點選左側 Probabilities 可看到接下來升息機率預測

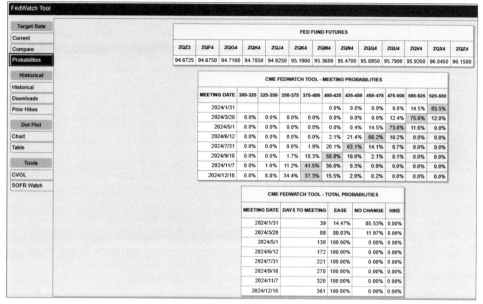

資料來源：芝商所 FedWatch

圖 1-5-4 左側 Historical 為利率變化機率在一段時間變化

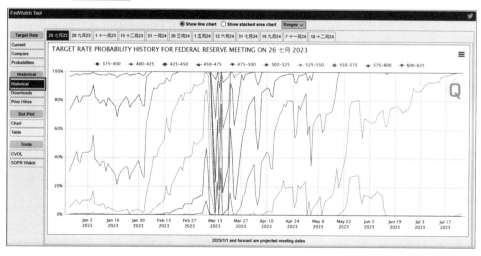

資料來源：芝商所 FedWatch

圖 1-5-5 FedWatch 左側 DOT PLOT ／ CHART 為 FOMC 委員對利率的預測

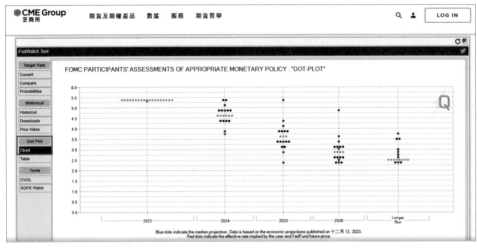

資料來源：芝商所 FedWatch

附錄 美國每月經濟數據公布一覽表

美國公布日期	經濟指標	公布機構
1~5	Employment Situation	U.S.Department of Labor
8	Consumer Credit	Fed Releases
8	Wholesale Trade	U.S.Department of Labor
10	Import and Export Price Index	U.S.Department of Labor
11	Producer Price index	U.S.Department of Labor
15	Retail Trade	U.S.Department of Labor
16	Consumer Price Index	U.S.Department of Labor
22	Leading Economic Indicators	Conference Board
28	New Home Sales	U.S. Consus Bureau
29	Consumer Confidence	The Conference Board
31	Personal Incomes and Consumption	Bureau of Economic Analysis
季資料	GDP	Bureau of Economic Analysis

資料來源：美國各研究機構、作者整理

本章重點快速瀏覽

1. 了解美國市場資訊及如何提供美國市場資料，因為投資許多商品大多為美國金融商品且是美元計價。

2. 聯準會經濟資料庫可查詢美國歷史總體經濟數據（包括 CPI、GDP、通膨等）。舉例來說，若讀者想要了解美國 10 年期公債殖利率的條件都可在此獲取。

3. 美國勞工統計局是一個聯邦機構，是負責收集和公布有關美國經濟、勞動市場和就業報告等各種經濟數據。

4. 美國經濟分析局是隸屬於美國商務部的機構。該機構與人口普查局 (Census Bureau)都是商務部的經濟和統計管理組成機構，該機構也負責公布美國經濟及行業的統計數據，以及有關美國國內生產總值（GDP）。其中美國聯準會所關注的經濟指標：個人消費支出指數，已經成為近年美國聯準會制訂貨幣政策最重要的依據。

5. FedWatch 這個網站是芝加哥商業交易所的一個工具網站，是公布 30 天期聯邦基金期貨價格（以美國 30 天期 500 萬美元的聯邦基金為標的物的利率期貨合約），可以預測未來聯準會升息及降息的機率及美國利率走勢。

CHAPTER 02

判斷經濟榮枯，
先看美國勞動市場

美國非農就業數據是美股、美債及外匯市場最關注的經濟指標，該數據除反映美國整體就業狀況和經濟趨勢，也是聯準會進行貨幣政策調整的重要考慮因素。另外消費者價格指數（CPI）和生產者價格指數（PPI），也被聯準會視為衡量通貨膨脹的重要指標。加上職位空缺和勞動力流動調查（Job Openings and Labor Turnover Survey，JOLTS）更是美國勞工統計局（Bureau of Labor Statistics）衡量職位缺口的數據，其收集的數據包括每個月零售業、製造業以及在企業中的職位空缺等，讀者可以利用這些資料，深入了解美國勞動市場及美國經濟狀況。

2023 年美國強勁的勞動市場，是美國聯準會緊縮貨幣政策重要的支撐。由於新冠疫情後美國勞動需求遠大於供給，所以造成美國勞動者對薪資有了更高的要求，勞動者往往會選擇自願性離職換工作，來獲取更高的報酬，在這樣的需求過程中帶動整體薪資上漲。

而薪資上漲可能會導致通貨膨脹上升，通貨膨脹就形成美國聯準會制訂緊縮性貨幣政策的參考，故美國勞工統計局定期所提供的圖表及數據，絕對是廣大投資者決策時的參考依據。

先前說明美國勞動市場數據如何影響聯準會的貨幣政策，再來進一步用「總和供需模型」（如圖 2-1）說明美國勞動市場如何影響經濟，及如何產生美國勞動市場最適均衡工資及就業量。

由於勞動供給線與勞動需求線交會的點為勞動市場均衡的狀況，即勞動力獲得最適配置，因此當勞動供給量等於需求量，即可得知均衡工資。由於新技術進步及新產業型態的成立，將會讓舊企業主或新企業主願意聘雇更多勞工，因此勞動需求將會增加，勞動需求線 LD0 將會右移到 LD1（美國疫情後對服務業人員需求大增）；此時工資 W0 將會上升到 W1

圖 2-1 從美國勞動缺口比例及美國勞動缺口景氣指標解析勞動市場——
總和供需模型

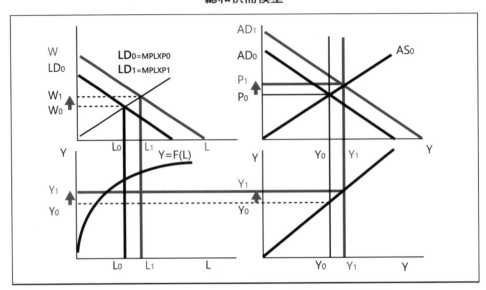

LD：勞動需求曲線（LD0 為原勞動需求線，LD1 為勞動需求增加後之勞動需求線）

LS：勞動供給曲線

W0：原勞動工資

W1：勞動需求增加後所引起勞動工資上漲

Y：產出

AS0：總合供給曲線

AD0：原總合需求曲線

AD1：增加後的總和需求曲線

（疫情後服務業需求大增，由於供不應求，造成薪資上漲），表示企業主必須提高工資來吸引人才，勞動需求會大於於勞動供給，勞動量也從原始的 L0 增加到 L1，呈現就業市場熱絡的狀況（服務業需求人員大增）。

勞動市場在需求人員及薪資上漲後，將會引起物價通膨，物價會從原本 P0 上漲到 P1（廠商會將員工薪資成本轉嫁產品價格給消費者）。反之，若新技術進步或產業萎縮，則勞動市場中的勞動需求會小於勞動供給，此時勞動者的工資下跌，勞動者需求會減少，因此勞動市場會產生經濟蕭條的狀態。

2023 年以來，美國勞動市場處勞動需求大於勞動供給的狀態。舉例來說，美國 2023 年 9 月非農就業數據報告新增 33.6 萬人，超過市場預期的 17 萬人和修正後前值 8 月的 22.7 萬人，是 2023 年年初以來最大增幅。美國 2023 年 9 月非農新增就業人數增加 26.3 萬，同樣遠超預期的 16 萬，8 月前值 17.9 萬。

2023 年 9 月製造業就業增加 1.7 萬，高於預期的 0.5 萬，8 月前值 1.6 萬；另美國失業率 3.8％，其市場預期為 3.7％，和 8 月的前值 3.8％相同，基於以上美國就業數據即表明，美國勞動力市場仍強勁。

但從 2023 年 10 月以後，美國非農就業數據已經逐漸減緩，而且勞動缺口比例及勞動力缺口景氣指標下跌。另外美國通膨數據逐漸下降，可能成為美國聯準會暫緩升息及未來降息的理由。因此筆者判斷美國聯準會在 2024 年年初仍不升息，可能在第二季或第三季後將降息。本章後續將逐一介紹美國勞動市場及提供就業數據，以 2024 年的利率升降為例，帶領讀者了解美國聯準會的利率決策。

2-1　美國勞動缺口比例：看懂勞動力供需狀況

美國勞動缺口比例（Jobs-Workers Gap, JWG）＝
（家庭調查就業人口數＋JLOTS 職位空缺數－家庭調查勞動參與人口）／家庭調查勞動參與人口

　　這個數據可幫助我們了解美國勞動力的供給及需求和美國勞動市場。

　　「家庭調查就業人口數」與「JLOTS 職位空缺數」可以視為勞動的需求，「家庭調查勞動參與人口」可以視為勞動供給，職缺數是勞動力需求的指標，當職缺數愈多，也就代表市場對勞動力的需求愈高及經濟愈熱絡。因此當美國勞動缺口比率（JWG）愈高，代表美國勞動力市場需求強勁、供不應求；反之，當 JWG 愈低，代表美國勞動力市場需求疲弱、供過於求。

小辭典 JOLTS

職位空缺及勞動力流動調查（Job Openings and Labor Turnover Survey, JOLTS），是由美國勞工部下屬的勞動統計局每月所統計的勞動市場數據，用意是在幫助衡量職位空缺。

有三大核心數據組成，分別是：**新職缺、雇傭、自願離職**。

統計的類別則分別是：1 非農、2 私人、3 政府。

這三項數據都有各自的意義：

(1) 非農職缺是企業希望 30 天內上工的職缺數，可以視為程度的依據。

(2) 非農雇傭則是企業新雇傭人數，當景氣愈好時，則雇用人數會呈現上升趨勢，反者是下滑趨勢。

非農自願離職可當作緊缺程度的象徵也可以視為薪資成長程度，因為通常只有找到更高薪水的時候才願意主動離職。

職缺空缺率=新職缺／（非農就業人口+新職缺）。

補充離職定義：

資遣（Layoff）：因為公司經營問題，原因可能是面臨經營問題、景氣問題、財務問題，必須進行人力縮減而進行的程序。

解雇（Discharge）：指的是員工能力低於用人單位的期待，經過內部一定的評核方式之後，進行的不適任資遣程序。

自願離職（Quits）：是員工自行提出的，因為可能找到更好的工作或是更好的職務。

自動離職（Separations）：是由雇主和員工基於談好條件而願意離開的，如自動退休，是介於資遣和自願離職的觀念。

　　從表 2-1-1 可以發現，2022 年 6 月的美國勞動缺口比例 3.35％為相對高點（代表美國勞動力市場需求強勁、供不應求，所以就業市場好），但到 2022 年 9 月已經低於 3％。2023 年 7 月，勞動需求大於供給之供需缺口比率更是低於 2％，足見當 JWG 愈低（2％以下），代表美國勞動力市場需求疲弱、供過於求，美國經濟已經逐漸有衰退的跡象了。同樣的，從圖 2-1-1 可以發現，美國勞動缺口比例已開始步入下降的趨勢了。

表 2-1-1 美國勞動缺口比例及勞動力缺口景氣指標（2022／6 ～ 2023／10）

日期	勞動缺口比例	勞動力缺口景氣指標
2022／6	3.35％	-0.02％
2022／7	3.20％	-0.19％
2022／8	3.25％	-0.28％
2022／9	2.69％	-0.50％
2022／10	2.92％	-0.59％
2022／11	2.72％	-0.77％
2022／12	3.05％	-0.65％
2023／1	3.34％	-0.51％
2023／2	2.78％	-0.49％
2023／3	2.48％	-0.68％
2023／4	2.45％	-0.97％
2023／5	2.32％	-1.03％
2023／6	2.19％	-0.96％
2023／7	1.99％	-1.03％
2023／8	1.53％	-1.15％
2023／9	1.87％	-1.26％
2023／10	1.82％	-1.32％

資料來源：美國勞工統計局及財經 M 平方

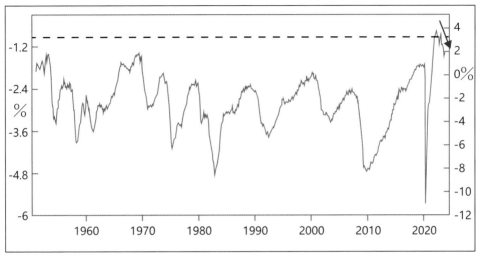

圖 2-1-1 美國勞動缺口比例

資料來源：財經 M 平方

　　波蘭央行經濟學家 Paweł Skrzypczyński 進一步將美國勞動缺口比例（JWG）換算成勞動缺口景氣指標（Jobs-Workers Gap Business Cycle Indicator, JWGBCI）。

勞動缺口景氣指標＝JWG 3 期移動平均－JWG 過去 12 個月的最大值

　　他以 -0.93 ppt（percentpoint，百分比）做為判斷經濟衰退的門檻值，根據歷史經驗，當 JWGBCI 低於 -0.93 ppt 時，表示美國將陷入衰退。從表 2-1-1 可以發現，從 2023 年 4 月到 2023 年 10 月，已經連續 7 個月的數據皆低於-0.93 ppt，及從圖 2-1-2 也可以發現，美國勞動缺口景氣指標的趨勢，也已經逐漸步入下降的趨勢了。

圖 2-1-2　美國勞動缺口景氣指標

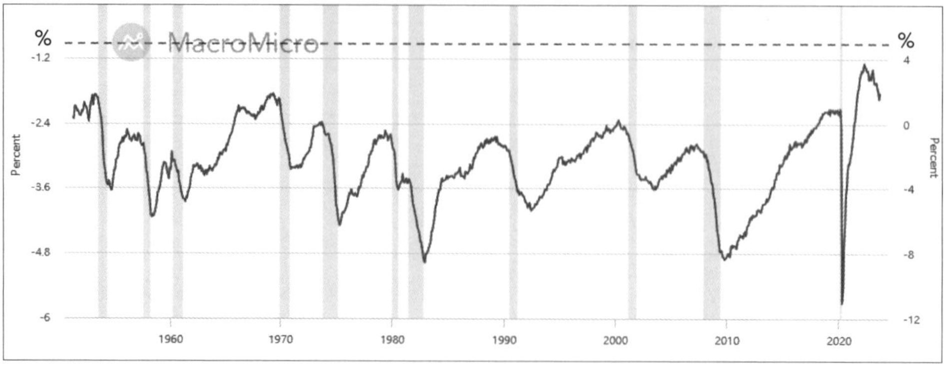

資料來源：財經 M 平方

2-2　美國就業擴散指數：判斷就業是否成長

美國就業擴散指數（Employment Diffusion Index）是由美國勞工統計局（BLS）公布，用來衡量美國就業成長擴散程度的指標。其就業擴散指數是以 50 為基準，若大於 50，代表就業增加的產業數比就業減少的產業數還多；反之，小於 50，代表就業減少的產業數比較多。

就業擴散指數＝就業增加的產業比例＋就業不變的產業比例×0.5

就業擴散指數主要有以下幾種用途：

1. 衡量就業變化的廣度，判斷就業成長是由特定產業貢獻，還是普遍趨勢。

2. 是美國景氣的領先指標，透過美國就業擴散指數的數值變化，能夠看出美國景氣循環的反轉點。

3. 可用來分析美國的經濟或是美國市場的廣度和深度，例如美國費城聯儲就是根據各州就業人口、工作時數、失業率、薪資 4 種資料，編製各州的同時指標。根據費城聯儲研究，當 50 州同時指標擴散

指數愈低，也就是有愈高比例的州同時指標出現下滑時，美國進入衰退的機率愈高。

讀者可以從美國勞工統計部網頁中，點選圖 2-2-1 中 Economic Releases 的 Employment & Unemployment 選項，再點選圖 2-2-2 中 Employment Situation 的 PDF 檔案，然後打開檔案中找到圖 2-2-3 的列表中 Diffusion Index（擴散指數），可以發現表 2-2-1 中 2023 年 10 月非農就業擴散指數為 52.0，低於 9 月的 61.4 及 8 月的 60.0，明顯低於 2022 年 10 月的 65.2。另外 2023 年 10 月製造業就業擴散指數為 42.4，同樣低於 9 月的 47.9 及 8 月的 50.7，更低於 2022 年 10 月的 62.5。

圖 2-2-1 Economic Releases 的 Employment & Unemployment 選項

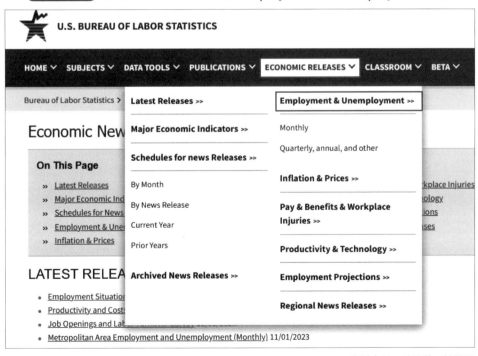

資料來源：美國勞工統計局

圖 2-2-2 選取 Employment Situation 的 PDF 檔案

LATEST RELEASES

- Employment Situation 11/03/2023
- Productivity and Costs 11/02/2023
- Job Openings and Labor Turnover Survey 11/01/2023
- Metropolitan Area Employment and Unemployment (Monthly) 11/01/2023

MAJOR ECONOMIC INDICATORS

Consumer Price Index

In September, the Consumer Price Index for All Urban Consumers increased 0.4 percent, seasonally adjusted, and rose 3.7 percent over the last 12 months, not seasonally adjusted. The index for all items less food and energy increased 0.3 percent in September (SA); up 4.1 percent over the year (NSA).
(PDF) (Charts)

Employment Cost Index

Compensation costs increased 1.1 percent for civilian workers, seasonally adjusted, from June 2023 to September 2023. Over the year, total compensation rose 4.3 percent, wages and salaries rose 4.6 percent, and benefit costs rose 4.1 percent.
(PDF) (Charts)

Employment Situation

Total nonfarm payroll employment increased by 150,000 in October, and the unemployment rate changed little at 3.9 percent. Job gains occurred in health care, government, and social assistance. Employment declined in manufacturing due to strike activity.
(PDF) (Charts)

資料來源：美國勞工統計局

圖 2-2-3 美國非農就業擴散指數資訊

ESTABLISHMENT DATA
Summary table B. Establishment data, seasonally adjusted

Category	Oct. 2022	Aug. 2023	Sept. 2023[p]	Oct. 2023[p]
EMPLOYMENT BY SELECTED INDUSTRY (Over-the-month change, in thousands)				
Total nonfarm	324	165	297	150
Total private	299	114	246	99
Goods-producing	57	28	28	-11
Mining and logging	3	0	1	1
Construction	17	30	13	23
Manufacturing	37	-2	14	-35
Durable goods[1]	27	0	10	-36
Motor vehicles and parts	3.4	-3.7	8.9	-33.2
Nondurable goods	10	-2	4	1
Private service-providing	242	86	218	110
Wholesale trade	15.8	2.5	16.0	9.4
Retail trade	-5.6	-5.9	13.3	0.7
Transportation and warehousing	19.9	-26.9	12.5	-12.1
Utilities	1.3	2.4	1.5	0.8
Information	3	-22	-4	-9
Financial activities	18	1	2	-2
Professional and business services[1]	36	8	17	15
Temporary help services	10.2	-10.1	-8.9	6.6
Private education and health services[1]	85	105	78	89
Health care and social assistance	74.0	96.1	69.3	77.2
Leisure and hospitality	61	8	74	19
Other services	8	14	8	-1
Government	25	51	51	51
(3-month average change, in thousands)				
Total nonfarm	342	169	233	204
Total private	316	115	168	153
WOMEN AND PRODUCTION AND NONSUPERVISORY EMPLOYEES AS A PERCENT OF ALL EMPLOYEES[4]				
Total nonfarm women employees	49.8	49.8	49.8	49.9
Total private women employees	48.4	48.4	48.4	48.4
Total private production and nonsupervisory employees	81.4	81.4	81.3	81.3
HOURS AND EARNINGS ALL EMPLOYEES **Total private**				
Average weekly hours	34.6	34.4	34.4	34.3
Average hourly earnings	$32.66	$33.82	$33.93	$34.00
Average weekly earnings	$1,130.04	$1,163.41	$1,167.19	$1,166.20
Index of aggregate weekly hours (2007=100)[3]	114.4	115.4	115.7	115.4
Over-the-month percent change	0.2	0.3	0.3	-0.3
Index of aggregate weekly payrolls (2007=100)[4]	178.7	186.7	187.6	187.6
Over-the-month percent change	0.6	0.6	0.5	0.0
DIFFUSION INDEX (Over 1-month span)[5]				
Total private (250 industries)	65.2	60.0	61.4	52.0
Manufacturing (72 industries)	62.5	50.7	47.9	42.4

資料來源：美國勞工統計局

表 **2-2-1** 美國 2022 ／ 6 ～ 2023 ／ 10 就業擴散指數

日期	非農就業擴散指數-1 個月	製造業就業擴散指數-1 個月
2022／6	69.2	62.5
2022／7	72.2	67.4
2022／8	62.0	53.5
2022／9	63.4	54.9
2022／10	65.2	62.5
2022／11	63.4	59.7
2022／12	64.0	52.8
2023／1	64.6	52.8
2023／2	58.2	49.3
2023／3	57.0	43.8
2023／4	58.4	47.2
2023／5	57.4	45.1
2023／6	55.2	53.5
2023／7	53.4	44.4
2023／8	60.0	50.7
2023／9	61.4	47.9
2023／10	52	42.4

資料來源：美國勞工統計局

　　從以上數據可以發現，製造業的就業擴散指數明顯比非農就業擴散指數衰退，並且從非農就業擴散指數也可以看出，美國經濟已經逐漸呈現衰退的現象，尤其製造業更為明顯，因為 2023 年 10 月製造業就業擴散指數為 42.4，是近一年最低的數值。若未來幾個月中非農就業擴散指數仍呈現衰退趨勢，可以預期美國緊縮性的升息政策將會停止，並且在未來幾個月可能採取寬鬆的貨幣政策如降息，以提升經濟及投資活動。

　　從圖 2-2-4 及圖 2-2-5 美國 2022／6～2023／10 就業擴散指數中，可以發現除 2023 年 8 月及 9 月擴散指數較高外，其餘都偏低，尤其 2023 年 10 月更低。另透過線性回歸預測下，未來非農就業擴散指數呈現向下趨勢。

圖 2-2-4 美國 2022／6～2023／10 非農就業擴散指數

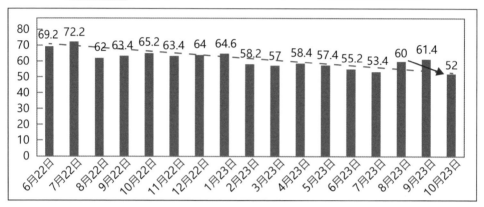

資料來源：美國勞工統計局

圖 2-2-5 美國 2022／6～2023／10 製造就業擴散指數

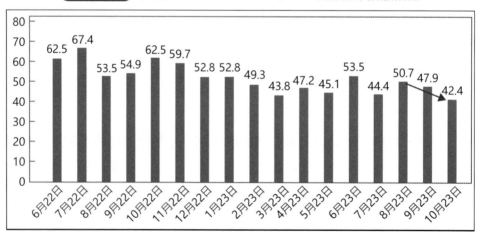

資料來源：美國勞工統計局

2-3 非農空缺數及非農職位空缺率：顯示經濟是否熱絡

美國非農空缺數：

美國勞工統計局會統計每個月最後一天，企業於就業市場開放應聘時，而且希望雇用者於 30 天內上工的職缺數量。這可用於觀察美國就業市場勞動力緊缺的程度，當企業預期經濟愈熱絡時，通常也會傾向開更多職缺，因此想了解經濟熱度確實可以透過職缺來評估。

當美國職位空缺漲幅超過預期，代表提供強勁的美國就業數據，而引發勞工薪資上升及通膨升溫，故美國聯準會會繼續實施緊縮性的升息政策；反之若美國職位空缺跌幅超過預期，代表提供美國就業數據減弱，而引發勞工薪資下跌或是平穩，並且造成通膨開始逐漸降溫，可能引起美國聯準會開始停止實施緊縮性的升息政策，未來可能產生經濟降溫及經濟衰退的現象，屆時聯準會開始實施寬鬆的貨幣降息政策。

美國非農空缺率：

當美國職缺空缺率愈高代表美國在勞動市場愈缺人，也代表經濟是十分活絡的；反之當美國職缺空缺率愈低代表美國在勞動市場愈不缺人，及代表美國經濟開始疲弱。

非農職位空缺率＝非農空缺數／（非農空缺數+非農就業人口數）

要了解美國勞動市場職位空缺，讀者可以從美國勞工統計局點選 Subjects 中的 JOLTS 的選項，可參考圖 2-3-1 操作，點選後出現圖 2-3-2 中的畫面，圖 2-3-2 中之內容分為兩大部分，第一部分為左邊部分所呈現的 CHARTS（圖表），目前可以看到 Number of unemployed persons per job opening, seasonally adjusted 的圖表。

　　另外也可以點選 Read More，然後點選自己所想要的選項，如圖 2-3-3 為 Job Openings and Labor Turnover Survey 之內容選項，如勾選好選項，在從畫面中點選 Go 後，就可以呈現讀者想要的 Charts（圖表）。

圖 2-3-1　Job Openings and Labor Turnover Survey

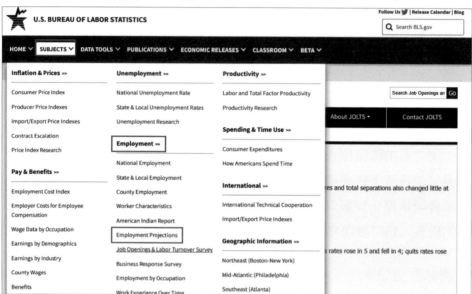

資料來源：美國勞工統計局

圖 2-3-2 Job Openings and Labor Turnover Survey 之內容

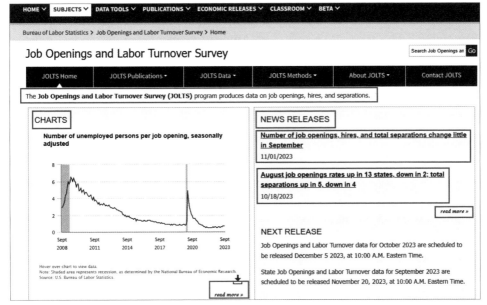

資料來源：美國勞工統計局

圖 2-3-3 Job Openings and Labor Turnover Survey 內容選項

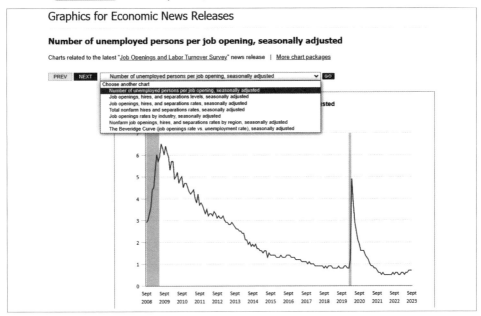

資料來源：美國勞工統計局

接著解釋圖 2-3-2 的右邊部分 New Releases（最新公布），可以發現圖中呈現 Number of job openings, hires, and total separations change little in September（11／01／2023 公布）及 August job openings rates up in 13 states, down in 2; total separations up in 5, down in 4（10／18／2023 公布）。若讀者點選（11／01／2023 公布），可以發現跳出 Job Openings and Labor Turnover Summary 的摘要（如圖 2-3-4），提供了 10 月最新美國勞工職缺最新的資訊。

圖 **2-3-4** Job Openings and Labor Turnover Summary

Economic News Release

Job Openings and Labor Turnover Summary

For release 10:00 a.m. (ET) Wednesday, November 1, 2023   USDL-23-2315
Technical information: (202) 691-5870   •   JoltsInfo@bls.gov   •   www.bls.gov/jlt
Media contact: (202) 691-5902   •   PressOffice@bls.gov

        JOB OPENINGS AND LABOR TURNOVER – SEPTEMBER 2023

The number of job openings changed little at 9.6 million on the last business day of September, the U.S. Bureau of Labor Statistics reported today. Over the month, the number of hires and total separations changed little at 5.9 million and 5.5 million, respectively. Within separations, quits (3.7 million) and layoffs and discharges (1.5 million) changed little. This release includes estimates of the number and rate of job openings, hires, and separations for the total nonfarm sector, by industry, and by establishment size class.

Job Openings

On the last business day of September, the number of job openings changed little at 9.6 million, and the rate was unchanged at 5.7 percent. Over the month, job openings increased in accommodation and food services (+141,000) and in arts, entertainment, and recreation (+39,000). Job openings decreased in other services (-124,000), federal government (-43,000), and information (-41,000). (See table 1.)

Hires

In September, the number of hires changed little at 5.9 million, and the rate was 3.7 percent for the third month in a row. The number of hires changed little in all industries. (See table 2.)

Separations

Total separations include quits, layoffs and discharges, and other separations. Quits are generally voluntary separations initiated by the employee. The quits rate can serve as a measure of workers' willingness or ability to leave jobs. Layoffs and discharges are involuntary separations initiated by the employer. Other separations include separations due to retirement, death, disability, and transfers to other locations of the same firm.

資料來源：美國勞工統計局

美國非農空缺數及空缺率分析實例

以 2023 年 11 月 1 日美國勞工部勞工統計局公布美國 9 月職位空缺和勞動力流動調查（JOLTS-Job Openings and Labor Turnover Surve）為例，圖 2-3-5 中 9 月數據職位空缺數增至 955.3 萬個，高於市場預期 925 萬個空缺數，且近兩個月連續攀升（7 月空缺數為 892 萬，8 月空缺數為 949.7 萬），表示美國勞動市場的勞動力需求仍非常強勁，經濟狀況也非常穩健。

職位空缺率愈高代表在勞動市場愈缺人，也代表經濟十分活絡，2023 年 9 月，美國職位空缺率為 5.7%，同 8 月職位空缺率，高於 7 月的 5.4%。從表 2-3-1 也可以發現，在 2023 年 3 月及 4 月空缺率分別為 6.0% 及 6.2%，顯見空缺率有逐漸下降之趨勢；若深入探討 2022 年職位空缺率更可發現，表 2-3-2 中 2022 年 1～5 月之空缺率高達 7% 以上，2022 年 3 月更高達 7.4%。綜合上述空缺率資料顯示，2023 年的空缺率已經有下降的趨勢，因此可看出美國經濟有衰退的現象。

圖 2-3-5 觀察美國 2023 年 7 月 ~10 月空缺數及空缺率

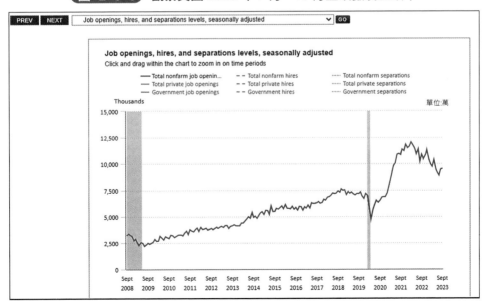

資料來源：美國勞工統計局

表 2-3-1 美國 2023 年 3～9 月之空缺數及空缺率

月份	空缺數（萬）	空缺率
2023／3	974.5	6.0%
2023／4	1032.0	6.2%
2023／5	961.6	5.8%
2023／6	916.5	5.5%
2023／7	892.0	5.4%
2023／8	949.7	5.7%
2023／9	955.3	5.7%

資料來源：美國勞工統計局

表 2-3-2 美國 2023 年 3～9 月之空缺數及空缺率

月份	空缺數（萬）	空缺率
2022／1	1148.7	7.1%
2022／2	1160.1	7.1%
2022／3	12,027	7.4%
2022／4	1175.5	7.2%
2022／5	1144.3	7.0%
2022／6	1096.1	6.7%
2022／7	1138.0	6.9%
2022／8	1019.8	6.2%
2022／9	1085.4	6.6%
2022／10	1047.1	6.4%
2022／11	1074.6	6.5%
2022／12	1123,4	6.8%
2023／1	1056.3	6.4%
2023／2	997.4	6.0%

資料來源：美國勞工統計局

從圖 2-3-6 可發現，2022 年整年度職位空缺數皆在 1,000 萬個空缺數以上，但 2023 年職位空缺數幾乎大部分落在 1,000 萬個以下。另，2022 年上半年職位空缺率大致落在 7％上下，2022 年下半年職位空缺率大致落在 6.5％上下，2023 年上半年大致落在 6％上下，2023 年下半年大致落在 5.5％上下。且從圖中職位空缺數之數據預測上，可發現職位空缺數之預測為趨勢向下，因此可預測美國未來職位空缺數及職位空缺率整體為向下的趨勢，美國經濟未來也將有衰退的現象產生。

圖 2-3-6 美國 2022 年 1 月～ 2023 年 9 月空缺數及空缺率和空缺數趨勢

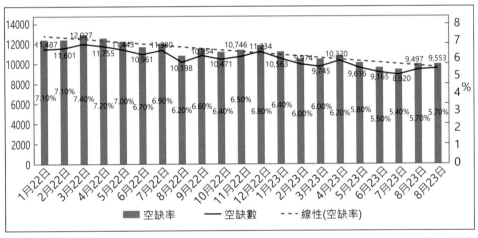

資料來源：美國勞工統計局

另外，美國職位空缺統計類別則分別是：1 非農、2 私人、3 政府。以 2023 年 9 月為例（圖 2-3-7）：

非農就業職位空缺數為 955.3 萬，較 8 月 949.7 萬多 5.6 萬的空缺數。
私人職位空缺數為 857 萬，較 8 月 843.3 萬多出 13.7 萬的空缺數。
政府部門空缺數為 98.3 萬，較 8 月 106.4 萬少 8.1 萬。

若將非農就業職位空缺數按照職業來細分類時，並以非農就業職位之

空缺率來看的話，其職業分類空缺率較高分別說明如下：

　住宿和食品服務，空缺率為 0.8％，空缺數增加為 14.1 萬。

　藝術和娛樂，其空缺率為 1.3％，空缺數增加為 3.9 萬。

　財務和保險，其空缺率為 0.8％，空缺數增加為 6.9 萬。

　不動產，其空缺率為 1.0％，空缺數增加為 2.6 萬。

圖 2-3-7 美國非農空缺數、私人空缺數、政府空缺數及各產業空缺數

Table 1. Job openings levels and rates by industry and region, seasonally adjusted[1]

Industry and region	Levels (in thousands)						Rates[2]					
	Sept. 2022	June 2023	July 2023	Aug. 2023	Sept. 2023p	Change from: Aug. 2023 - Sept. 2023p	Sept. 2022	June 2023	July 2023	Aug. 2023	Sept. 2023p	Change from: Aug. 2023 - Sept. 2023p
Total	10,854	9,165	8,920	9,497	9,553	56	6.6	5.5	5.4	5.7	5.7	0.0
INDUSTRY												
Total private	9,788	8,048	7,958	8,433	8,570	137	6.9	5.7	5.6	5.9	6.0	0.1
Mining and logging	29	31	26	30	35	5	4.6	4.6	3.9	4.5	5.2	0.7
Construction	466	386	353	375	431	56	5.6	4.6	4.2	4.5	5.1	0.6
Manufacturing	812	580	544	604	627	23	5.9	4.3	4.0	4.4	4.6	0.2
Durable goods	483	364	368	378	382	4	5.7	4.3	4.3	4.4	4.5	0.1
Nondurable goods	329	215	177	226	245	19	6.3	4.2	3.5	4.5	4.8	0.3
Trade, transportation, and utilities	1,622	1,450	1,442	1,309	1,397	88	5.3	4.8	4.8	4.3	4.6	0.3
Wholesale trade	252	269	246	236	259	23	4.0	4.3	3.9	3.8	4.1	0.3
Retail trade	827	737	713	651	674	23	5.1	4.5	4.4	4.0	4.2	0.2
Transportation, warehousing, and utilities	542	444	483	421	463	42	6.9	5.7	6.2	5.5	6.0	0.5
Information	219	159	254	201	160	-41	6.6	4.9	7.6	6.1	4.9	-1.2
Financial activities	483	457	476	553	647	94	5.1	4.8	4.9	5.7	6.6	0.9
Finance and insurance	275	328	321	410	479	69	3.9	4.6	4.6	5.8	6.6	0.8
Real estate and rental and leasing	208	129	154	142	168	26	8.0	5.1	6.0	5.5	6.5	1.0
Professional and business services	2,155	1,534	1,432	1,737	1,632	-105	8.7	6.2	5.9	7.0	6.6	-0.4
Education and health services	2,214	1,910	1,891	1,971	1,931	-40	8.3	7.0	6.9	7.2	7.0	-0.2
Educational services	185	173	175	164	173	9	4.6	4.2	4.3	4.0	4.2	0.2
Health care and social assistance	2,029	1,737	1,716	1,808	1,758	-50	8.9	7.5	7.4	7.7	7.5	-0.2
Leisure and hospitality	1,546	1,166	1,231	1,233	1,414	181	8.8	6.6	6.9	6.9	7.8	0.9
Arts, entertainment, and recreation	200	162	156	166	205	39	7.9	6.2	6.0	6.3	7.6	1.3
Accommodation and food services	1,345	1,004	1,075	1,068	1,209	141	8.9	6.6	7.1	7.0	7.8	0.8
Other services	243	376	308	420	296	-124	4.0	6.0	5.0	6.7	4.8	-1.9
Government	1,066	1,117	962	1,064	983	-81	4.6	4.7	4.1	4.5	4.1	-0.4
Federal	185	155	151	174	131	-43	6.1	5.0	4.9	5.6	4.2	-1.4
State and local	881	962	812	890	852	-38	4.4	4.6	4.0	4.3	4.1	-0.2
State and local education	296	288	219	330	337	7	2.8	2.7	2.1	3.0	3.1	0.1
State and local, excluding education	585	674	592	560	515	-45	6.0	6.8	6.0	5.7	5.2	-0.5
REGION[3]												
Northeast	1,759	1,493	1,490	1,548	1,574	26	6.0	5.1	5.1	5.2	5.3	0.1
South	4,282	3,785	3,511	3,763	3,889	126	7.0	6.1	5.7	6.1	6.3	0.2
Midwest	2,337	1,918	1,827	2,085	2,061	-24	6.6	5.4	5.2	5.9	5.8	-0.1
West	2,476	1,970	2,092	2,101	2,029	-72	6.4	5.1	5.4	5.4	5.2	-0.2

[1] The job openings level is the number of job openings on the last business day of the month.

資料來源：美國勞工統計局

2-4 非農職位招聘數及職位招聘率：發現就業市場的轉折

美國非農職位招聘數：

美國勞工統計局統計當月企業新增雇用員工總數。通常美國招聘的人數會在經濟復甦及經濟起飛開始招聘，當美國經濟成長時期其招聘會不斷上升，直到美國經濟開始衰退而就業市場緊張後才會有所收斂。故美國招聘人數可以用於觀察美國就業市場的現狀及轉折，當美國招聘數開始出現明顯下滑時，代表美國就業市場不再良好，有經濟開始轉弱的可能。

美國非農職位招聘率：

美國非農職位招聘率高等同美國非農職位招聘數高，所以當美國非農職位招聘率高時，代表此時美國經濟屬於熱絡；反之，當美國非農職位招聘率低時，代表美國經濟屬於蕭條的階段。

美國勞工部勞工統計局在 2023 年 11 月 1 日公布美國 9 月職位空缺和勞動力流動調查（JOLTS），圖 2-4-1 顯示 9 月數據職位招聘數為 587.1 萬個，且近兩個月連續攀升（7 月招聘數為 582.2 萬，8 月招聘數為 585 萬），表示美國勞動市場的勞動力需求仍維持穩健，招聘及經濟狀況也非常穩健。

當職位招聘率愈高代表在勞動市場愈缺人，也代表經濟活動十分活絡。美國 2023 年 9 月職位招聘率為 3.7％，同 7 月與 8 月職位招聘率。從表 2-4-1 也可以發現，2023 年 3、4 及 5 月招聘率分別為 3.9％、3.9％及 4.0％，足以顯見招聘率有逐漸上升趨勢。

若深入探討 2022 年職位招聘率，更可發現表 2-4-2 中 2022 年 1～5 月之招聘率高達在 4.3％上下，尤其是 2022 的 2 月更高達 4.5％，2022 年 6～12 月招聘率在 4.1％上下。綜合上述資料顯示，招聘率有逐漸下降的趨

勢，因此可看出美國經濟有衰退的現象。

圖 2-4-1 觀察美國 2023 年 7～10 月招聘數及招聘率

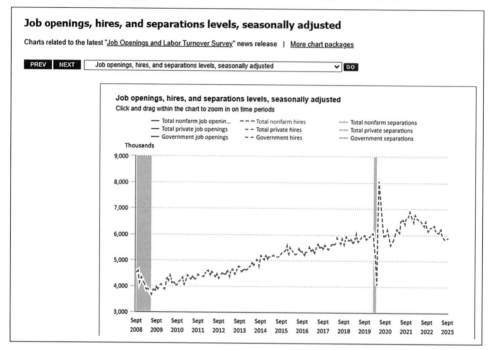

資料來源：美國勞工統計局

表 2-4-1 美國 2023 年 3～9 月招聘數及招聘率

月份	招聘數（萬）	招聘率
2023／3	606.6	3.9%
2023／4	610.1	3.9%
2023／5	623.1	4.0%
2023／6	594.0	3.8%
2023／7	582.2	3.7%
2023／8	585.0	3.7%
2023／9	587.1	3.7%

表 2-4-2 美國 2022 / 1 ～ 2023 / 2 招聘數及招聘率

月份	招聘數（萬）	招聘率
2022／1	649.6	4.3％
2022／2	680.0	4.5％
2022／3	657.7	4.3％
2022／4	657.2	4.3％
2022／5	654.5	4.3％
2022／6	644.8	4.2％
2022／7	634.0	4.1％
2022／8	647.8	4.2％
2022／9	622.6	4.1％
2022／10	616.4	4.0％
2022／11	625.3	4.1％
2022／12	625,1	4.0％
2023／1	632.7	4.1％
2023／2	615.0	4.0％

資料來源: 美國勞工統計局、作者整理

　　從圖 2-4-2 可發現 2022 年整年職位招聘數皆在 650 萬個上下，但 2022 年底之招聘數開始呈現下滑的現象（10 月 616.4 萬、11 月 625.3 萬、12 月 625.1 萬），並於 2023 年 6 月職位招聘數開始低於 600 萬個以下，跌幅達 7.7％。

　　另外，2022 年上半年職位招聘率大致落在 4.3％上下，2022 年下半年職位招聘率大致落在 4.1％上下，2023 年上半年大致落在 4％上下，2023 年下半年大致落在 3.7％上下，並且從圖中之職位招聘數之數據預測上（利用線性預測），可發現職位招聘數之預測為**趨勢**向下。因此可預測美國未來職位招聘數及職位招聘率為向下的**趨勢**，推測美國經濟將產生衰退。

圖 2-4-2 美國 2022 年 1 月～ 2023 年 9 月招聘數及招聘率和招聘數趨勢

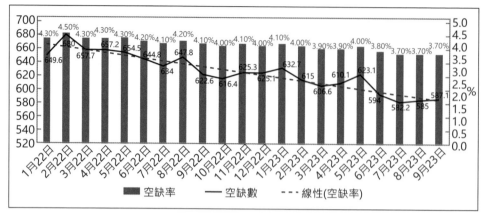

資料來源：美國勞工統計局、作者整理

表 2-4-3 美國 2022 年 1 月～ 2023 年 9 月招聘率統計

時間	2022 年 上半年	2022 年 下半年	2023 年 上半年	2023 年 下半年
招聘率 趨勢	4.3％上下 x	4.1％上下 向下	4％上下 向下	3.7％上下 向下

資料來源：美國勞工統計局、作者整理

　　從下圖可發現，2023 年 9 月招聘數為 587.1 萬個，較 2023 年 8 月 585 萬多出 2.1 萬，但和 2022 年比較，仍屬減少的趨勢。若按照產業別來看，貿易和運輸業比例增加 0.3％，批發貿易比例增加 0.2％，零售貿易比例增加高達 0.6％；但建築業比例減少 0.8％，製造業比例減少 0.2％，非耐久財比例減少 0.7％。

圖 2-4-3 美國非農招聘數及招聘率及按各產業統計

Table 2. Hires levels and rates by industry and region, seasonally adjusted[1]

Industry and region	Levels (in thousands)						Rates[2]					
	Sept. 2022	June 2023	July 2023	Aug. 2023	Sept. 2023p	Change from: Aug. 2023 - Sept. 2023p	Sept. 2022	June 2023	July 2023	Aug. 2023	Sept. 2023p	Change from: Aug. 2023 - Sept. 2023p
Total	6,226	5,940	5,822	5,850	5,871	21	4.1	3.8	3.7	3.7	3.7	0.0
INDUSTRY												
Total private	5,828	5,554	5,464	5,475	5,501	26	4.4	4.2	4.1	4.1	4.1	0.0
Mining and logging	24	26	28	27	23	-4	3.9	4.1	4.3	4.1	3.5	-0.6
Construction	366	372	382	372	303	-69	4.7	4.7	4.8	4.6	3.8	-0.8
Manufacturing	399	396	405	392	359	-33	3.1	3.1	3.1	3.0	2.8	-0.2
Durable goods	219	203	214	203	202	-1	2.7	2.5	2.6	2.5	2.5	0.0
Nondurable goods	180	194	191	189	157	-32	3.7	4.0	3.9	3.9	3.2	-0.7
Trade, transportation, and utilities	1,297	1,174	1,183	1,118	1,215	97	4.5	4.1	4.1	3.9	4.2	0.3
Wholesale trade	179	143	147	146	158	12	3.0	2.4	2.4	2.4	2.6	0.2
Retail trade	760	717	737	656	750	94	4.9	4.6	4.7	4.2	4.8	0.6
Transportation, warehousing, and utilities	358	314	299	317	307	-10	4.9	4.3	4.1	4.4	4.2	-0.2
Information	100	79	85	71	76	5	3.2	2.6	2.8	2.3	2.5	0.2
Financial activities	239	183	206	212	194	-18	2.6	2.0	2.2	2.3	2.1	-0.2
Finance and insurance	156	109	127	142	118	-24	2.7	1.6	1.9	2.1	1.8	-0.3
Real estate and rental and leasing	84	74	79	70	75	5	3.5	3.1	3.3	2.9	3.1	0.2
Professional and business services	1,191	1,113	1,090	1,108	1,083	-25	5.2	4.8	4.7	4.8	4.7	-0.1
Education and health services	819	934	865	893	865	-28	3.3	3.7	3.4	3.5	3.4	-0.1
Educational services	97	104	93	95	92	-3	2.5	2.6	2.4	2.4	2.3	-0.1
Health care and social assistance	722	830	772	798	773	-25	3.5	3.9	3.6	3.7	3.6	-0.1
Leisure and hospitality	1,155	1,057	1,019	1,077	1,171	94	7.2	6.4	6.1	6.5	7.0	0.5
Arts, entertainment, and recreation	166	182	152	165	161	-4	7.0	7.4	6.2	6.7	6.4	-0.3
Accommodation and food services	990	874	867	911	1,010	99	7.2	6.2	6.1	6.4	7.1	0.7
Other services	237	220	203	206	213	7	4.1	3.7	3.5	3.5	3.6	0.1
Government	398	386	357	375	370	-5	1.8	1.7	1.6	1.6	1.6	0.0
Federal	43	49	46	41	45	4	1.5	1.7	1.6	1.4	1.5	0.1
State and local	355	337	312	334	325	-9	1.8	1.7	1.6	1.7	1.6	-0.1
State and local education	170	177	140	175	175	0	1.7	1.7	1.4	1.7	1.7	0.0
State and local, excluding education	184	160	171	159	149	-10	2.0	1.7	1.8	1.7	1.6	-0.1
REGION[3]												
Northeast	912	884	871	933	942	9	3.3	3.2	3.1	3.3	3.4	0.1
South	2,595	2,495	2,456	2,518	2,473	-45	4.5	4.3	4.2	4.3	4.2	-0.1
Midwest	1,286	1,214	1,188	1,200	1,202	2	3.9	3.6	3.6	3.6	3.6	0.0
West	1,434	1,347	1,307	1,200	1,255	55	4.0	3.7	3.5	3.2	3.4	0.2

資料來源：美國勞工統計局

2-5 非農自主離職數及自主離職率：勞工薪資增長的領先指標

　　美國非農自主離職數為美國勞工統計局統計當月美國員工自主離職的數量及比率，除了同樣和職缺數和招聘數可用於觀察美國就業市場的緊缺程度外，該指標也可視為美國勞工薪資增長的領先指標。

　　美國非農自主離職屬於勞工自主性離職，而非雇主強迫受雇者離開，並且當受雇者自主離職者上升時，通常代表著美國經濟狀況及就業狀況良好，受雇者認為能夠找到比之前更好的工作及薪資。所以美國非農自主離職數增加時表示經濟較為熱絡；反之，則美國經濟較為蕭條。而當美國非農自主離職率高時，代表美國經濟熱絡；反之，當美國非農自主離職率低時，代表美國經濟屬於蕭條的階段。

　　美國勞工部之勞工統計局在 2023 年 11 月 1 日公布美國 9 月職位空缺和勞動力流動調查，圖 2-5-1 中 9 月數據自主離職數為 366.1 萬個，近一個月為攀升，表示美國勞動市場的勞動力需求稍弱及經濟狀況稍退。

　　美國 2023 年 9 月自主離職率為 2.3％，同 7、8 月的自主離職率，從表 2-5-1 也可以發現，2023 年 3 月、4 月及 5 月自主離職率分別為 2.5％、2.4％及 2.6％，並有逐漸下降之趨勢。若深入探討 2022 年自主離職率更可發現，表 2-5-2 中顯示，2022 年 1～5 月之招聘率在 2.9％上下，尤其是 2022 年 4 月更高達 3.0％，2022 年 6～12 月招聘率在 2.6％上下。綜合上述資料顯示，自主離職率有下降的趨勢，因此可看出美國經濟有衰退的現象。

圖 2-5-1 觀察美國 2023 年 7～9 月自主離職數及自主離職率

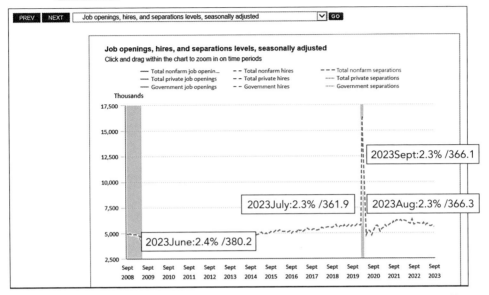

資料來源：美國勞工統計局

表 2-5-1 美國 2023 年 3～9 月自主離職數及自主離職率

月份	自主離職數（萬）	自主離職率
2023／3	384.2	2.5％
2023／4	376.5	2.4％
2023／5	406.7	2.6％
2023／6	380.2	2.4％
2023／7	361.9	2.3％
2023／8	366.3	2.3％
2023／9	366.1	2.3％

資料來源：美國勞工統計局

表 2-5-2 美國 2022 年 1～12 月自主離職數及自主離職率

月份	自主離職數（萬）	自主離職率
2022／1	439.1	2.9%
2022／2	431.3	2.9%
2022／3	445.2	2.9%
2022／4	449.7	3.0%
2022／5	420.8	2.8%
2022／6	416.1	2.7%
2022／7	401.6	2.6%
2022／8	424.2	2.8%
2022／9	406.5	2.6%
2022／10	404.8	2.6%
2022／11	414.8	2.7%
2022／12	409,1	2.6%
2023／1	387.8	2.5%
2023／2	398.0	2.6%

資料來源：美國勞工統計局

　　從下圖可發現美國 2022 年整年度自主離職數皆在 400 萬個以上，由於自主離職數高，代表經濟現況及工作發展狀況良好，求職者可以找到更好的工作及更好的薪水，因此放棄現有的工作。但 2023 年後自主離職者就低於 400 萬個，尤其是 2023 年 7 月以後就在 360 萬左右，跌幅達 10％，2023 年 3～6 月自主離職者在 380 萬左右，跌幅達 5％。

　　從上述資料顯示，美國自主離職數呈現下滑的現象，另外從表 2-5-1 中的自主離職率資料顯示，從 2023 年 6 月開始，其自主離職率低於 2.5％，尤其是 2023 年 7 月、8 月及 9 月，其自主離職率均為 2.3％，並且圖中顯示自主離職數預測（利用線性預測），可發現自主離職數之預測為

趨勢向下，可推測美國經濟將產生衰退。

圖 2-5-2 美國 2022 年 1 月～ 2023 年 9 月自主離職數及自主離職率趨勢

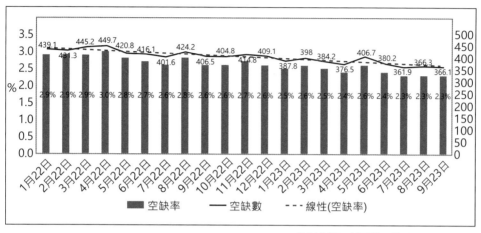

資料來源：美國勞工統計局、作者整理

表 2-5-3 美國 2022 年 1 月～ 2023 年 9 月自主離職數及自主離職率統計

時間	2022 年 全年度	2023 年 3 月~6 月	2023 年 7 月~9 月
自主離職數	400 萬個	380 萬個	360 萬
漲跌幅	x	-5％	-10％
自主離職率	2.8％上下	2.5％上下	2.3％
趨勢	x	向下	向下

資料來源：美國勞工統計局、作者整理

從下圖可發現，2023 年 9 月自動離職數為 366.1 萬個，較 2023 年 8 月 366.3 萬少 2,000 個，和 2022 年（400 萬個左右）比較之下，屬向下減少的趨勢。若按照產業別來看，零售貿易增加 0.5％，資訊增加 0.8％，其他產業類別的比例幾乎都是減少。基於上述資料，可看出美國勞動市場自動離職數及自動離職率減少的原因，應該為美國經濟開始下滑，導致自主離職者需考量工作穩定。

圖 2-5-3 美國非農自主離職數及自主離職率，按各產業統計

Table 4. Quits levels and rates by industry and region, seasonally adjusted[1]											
	Levels (in thousands)					Rates[2]					
Industry and region	Sept. 2022	June 2023	July 2023	Aug. 2023	Sept. 2023p	Change from: Aug. 2023 - Sept. 2023p	Sept. 2022	June 2023	July 2023	Aug. 2023	Sept. 2023p	Change from: Aug. 2023 - Sept. 2023p
Total..................	4,065	3,802	3,619	3,663	3,661	-2	2.6	2.4	2.3	2.3	2.3	0.0
INDUSTRY												
Total private..............	3,832	3,618	3,409	3,455	3,477	22	2.9	2.7	2.6	2.6	2.6	0.0
Mining and logging..........	13	16	16	15	12	-3	2.2	2.4	2.4	2.3	1.9	-0.4
Construction...............	148	180	182	159	143	-16	1.9	2.3	2.3	2.0	1.8	-0.2
Manufacturing.............	247	258	259	230	216	-14	1.9	2.0	2.0	1.8	1.7	-0.1
Durable goods...........	136	123	125	107	117	10	1.7	1.5	1.5	1.3	1.4	0.1
Nondurable goods.........	110	135	134	123	99	-24	2.3	2.8	2.8	2.5	2.0	-0.5
Trade, transportation, and utilities.......	919	798	799	759	818	59	3.2	2.8	2.8	2.6	2.8	0.2
Wholesale trade..........	118	106	81	97	88	-9	2.0	1.8	1.3	1.6	1.4	-0.2
Retail trade...............	578	493	528	466	540	74	3.7	3.2	3.4	3.0	3.5	0.5
Transportation, warehousing, and utilities...............	224	199	190	196	190	-6	3.1	2.7	2.6	2.7	2.6	-0.1
Information..............	62	48	57	23	47	24	2.0	1.5	1.8	0.7	1.5	0.8
Financial activities........	134	125	112	141	130	-11	1.5	1.4	1.2	1.5	1.4	-0.1
Finance and insurance.......	80	77	65	94	89	-5	1.2	1.1	1.0	1.4	1.3	-0.1
Real estate and rental and leasing. ..	54	48	47	47	41	-6	2.3	2.0	1.9	1.9	1.7	-0.2
Professional and business services.....	755	612	600	617	606	-11	3.3	2.7	2.6	2.7	2.6	-0.1
Education and health services........	544	614	524	575	550	-25	2.2	2.4	2.1	2.3	2.1	-0.2
Educational services..........	52	55	55	52	52	0	1.4	1.4	1.4	1.3	1.3	0.0
Health care and social assistance. ...	492	559	469	523	497	-26	2.4	2.6	2.2	2.4	2.3	-0.1
Leisure and hospitality..........	863	828	732	812	835	23	5.4	5.0	4.4	4.9	5.0	0.1
Arts, entertainment, and recreation. ..	75	106	90	105	91	-14	3.2	4.3	3.7	4.2	3.6	-0.6
Accommodation and food services. ..	789	722	642	707	744	37	5.7	5.1	4.5	5.0	5.2	0.2
Other services...............	147	139	129	125	119	-6	2.6	2.4	2.2	2.1	2.0	-0.1
Government.................	233	184	211	208	185	-23	1.0	0.8	0.9	0.9	0.8	-0.1
Federal...................	20	20	18	15	18	3	0.7	0.7	0.6	0.5	0.6	0.1
State and local.............	214	164	192	193	167	-26	1.1	0.8	1.0	1.0	0.8	-0.2
State and local education...........	108	100	115	92	80	-12	1.1	1.0	1.1	0.8	0.8	-0.1
State and local, excluding education...........	106	64	78	101	86	-15	1.2	0.7	0.8	1.1	0.9	-0.2
REGION[3]												
Northeast...............	551	475	473	418	491	73	2.0	1.7	1.7	1.5	1.8	0.3
South..................	1,745	1,683	1,617	1,669	1,642	-27	3.1	2.9	2.8	2.9	2.8	-0.1
Midwest................	864	812	745	802	750	-52	2.6	2.4	2.2	2.4	2.2	-0.2
West..................	906	832	784	774	779	5	2.5	2.3	2.1	2.1	2.1	0.0

資料來源：美國勞工統計局

本章重點快速瀏覽

1. 從美國勞動缺口比例及美國勞動缺口景氣指標解析勞動市場，以利解讀聯準會的利率政策及做好資產配置。

2. 從美國就業擴散指數了解美國就業狀況，以利解讀聯準會的利率政策及做好資產配置。

3. 從美國非農空缺數及非農職位空缺率觀察美國勞動市場，以利解讀聯準會的利率政策及做好資產配置。

4. 從美國非農職位招聘數及職位招聘率觀察美國就業市場，以利解讀聯準會的利率政策及做好資產配置。

5. 從美國非農自主離職數及自主離職率觀察美國勞動市場，以利解讀聯準會的利率政策及做好資產配置。

CHAPTER 03

影響聯準會利率政策最重要的關鍵（一）：就業

> 美國聯準會（Fed）主要目標是控制通貨膨脹，並維持經濟成長穩定，而美國就業數據的好壞，則是影響美國聯準會制訂貨幣政策的重要依據之一。美國就業數據好，反映出當前製造業、營建業及服務業的就業情況良好，也代表美國經濟表現好，因而民眾消費意願及投資意願增加，形成股市成長及匯市強勁。聯準會做為美國中央銀行，就必須不斷觀察美國就業數據，並且不斷調整貨幣政策。

美國通膨是否降溫及勞動市場是否恢復信心，是投資人最關注的兩項指標，聯準會被賦予的兩大政策目標也是控制通膨與穩定就業，所以不管投資人或是政府，都會認為該兩項指標會影響聯準會升息或降息。2023 年許多經濟學者認為升息循環已經結束，以及經濟數據表現不如過去強勁，所以經濟衰退的可能性已經慢慢升高了。

舉例來說，美國 2023 年 10 月就業報告經勞工統計局統計後出爐，10 月非農新增就業人口經過季調後達 15 萬人，低於市場預期的 18 萬人與過去 12 個月平均每月 25.8 萬人的增幅；10 月勞動參與率為 62.7％，較 9 月的 62.8％下降 0.1％。除非農新增就業人口減少外，勞動參與率也減少了。

美國領取失業救濟金人數在 2023 年 11 月 4 日為止當周，初領失業救濟金人數維持在 21.7 萬人，低於市場預期的 22 萬人；但連續領取失業救濟金的人數截至 2023 年 11 月 4 日當周，上升至 183.4 萬人，高於市場預期，及首次申請失業救濟金人數的 4 周移動平均值，較前周修正值增加 1,500 人至 21.2 萬人。另外，美國 2023 年 10 月平均每周工時為 34.3 小時，低於預期 34.4 小時，10 月較 9 月少 0.1 個小時，平均每周工時月增率為-0.3％，年增率為-0.9％。

綜合上述各項美國勞動市場資訊，可以發現美國經濟已逐漸在衰退，美國聯準會可能啟動降息措施；但通膨也可能再起，聯準會仍會升息因應。讀者可以透過美國各項就業數據，預判聯準會將降息或升息，提早布局債券或股票市場，以及做好資產配置。

3-1 勞動參與率：景氣好壞風向球

勞動參與率可用來衡量人們參與經濟生產活動的比例，而勞動力是就業者與失業者相加之總和，所以無論是就業者或失業者的增減，都會影響勞參率的升降。當美國勞動參與率高代表就業市場強勁及經濟景氣良好；若是當美國勞動參與率低代表就業市場不好及經濟景氣衰退。2023 年美國勞動市場人力需求強勁，若再加上供應鏈短缺及 2022 年帶動工資以穩健步伐成長，若 2024 年有更多人力投入勞動力市場，會更提升勞動參與率。

> **勞動力（Civilian labor force）**：就業人口及失業人口的總和，也就是有工作或正在找工作的勞動人口。
> **民眾非機構人口（Civilian noninstitutional population）**：16 歲及以上的平民非機構人口，也就是適合的工作人口，排除現役軍人、監牢中犯人、被限制在療養院人口。
> **勞參率（Participation rate）**：勞動力人口／他國 15 歲（美國 16 歲）以上民間人口＝（就業數＋失業數）／15 歲以上民間人口

從圖 3-1-1 及表 3-1-1 可以觀察到，2023／7～2023／10 美國勞工參與率均維持在 62.7％左右，均超越 2022 年 62.3％左右（參考表 3-1-2）。

圖 3-1-1 2023／7～2023／10 美國勞動參與率

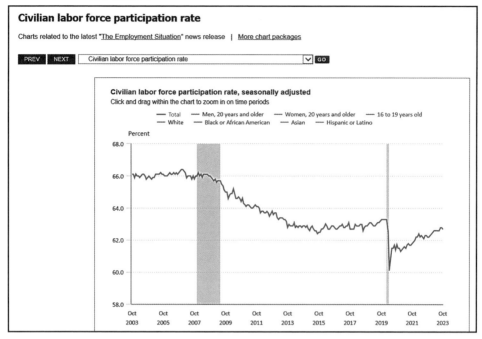

資料來源：美國勞工統計局、作者整理

表 3-1-1 美國 2023／4～2023／10 美國勞動參與率

日期（年／月）	美國勞動參與率（％）
2023／4	62.6
2023／5	62.6
2023／6	62.6
2023／7	62.6
2023／8	62.8
2023／9	62.8
2023／10	62.7

資料來源：美國勞工統計局、作者整理

表 3-1-2 美國 2022 ／ 1 ～ 2023 ／ 3 美國勞動參與率

日期（年／月）	美國勞動參與率（％）
2022／01	62.2
2022／02	62.2
2022／03	62.4
2022／04	62.2
2022／05	62.3
2022／06	62.2
2022／07	62.1
2022／08	62.3
2022／09	62.3
2022／10	62.2
2022／11	62.2
2022／12	62.3
2023／01	62.4
2023／02	62.5
2023／03	62.6

資料來源：美國勞工統計局、作者整理

圖 3-1-2 美國 2022 ／ 1 ～ 2023 ／ 10 美國勞動參與率

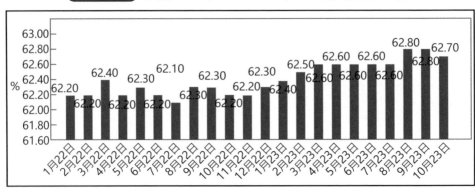

資料來源：美國勞工統計局、作者整理

讀者若想實際了解及獲取美國勞工參與率的資料，可從美國勞工統計局的主要經濟指標（MAJOR ECONOMIC INDICATORS），打開 Employ Ment Situation（就業狀態）的 PDF 檔案後（參考**圖 3-1-3**），從內容中選取 Household Survey Data（家庭調查資料）的 Summary table A，可發現**圖 3-1-4** 的美國就業狀態的 Participation（勞動參與率，藍框處），如 2023 年 10 月為 62.7％，較 2023 年 9 月的 62.8％減少了 0.1％。

圖 3-1-3 美國勞工統計局主要經濟指標

MAJOR ECONOMIC INDICATORS

Consumer Price Index

In October, the Consumer Price Index for All Urban Consumers was unchanged, seasonally adjusted, and rose 3.2 percent over the last 12 months, not seasonally adjusted. The index for all items less food and energy increased 0.2 percent in October (SA); up 4.0 percent over the year (NSA).
(PDF) (Charts)

Employment Cost Index

Compensation costs increased 1.1 percent for civilian workers, seasonally adjusted, from June 2023 to September 2023. Over the year, total compensation rose 4.3 percent, wages and salaries rose 4.6 percent, and benefit costs rose 4.1 percent.
(PDF) (Charts)

Employment Situation

Total nonfarm payroll employment increased by 150,000 in October, and the unemployment rate changed little at 3.9 percent. Job gains occurred in health care, government, and social assistance. Employment declined in manufacturing due to strike activity.
(PDF) (Charts)

Producer Price Index

The Producer Price Index for final demand fell 0.5 percent in October. Prices for final demand goods decreased 1.4 percent, and the index for final demand services was unchanged. Prices for final demand rose 1.3 percent for the 12 months ended in October.
(PDF) (Charts)

Productivity and Costs

Productivity increased 4.7 percent in the nonfarm business sector in the third quarter of 2023; unit labor costs decreased 0.8 percent (seasonally adjusted annual rates). In manufacturing, productivity decreased 0.7 percent and unit labor costs increased 7.0 percent.
(PDF) (Charts)

Real Earnings

Real average hourly earnings for all employees increased 0.2 percent in October, seasonally adjusted. Average hourly earnings increased 0.2 percent, and CPI-U was unchanged. Real average weekly earnings decreased 0.1 percent.

資料來源：美國勞工統計局

圖 3-1-4 美國家庭調查的就業狀態

HOUSEHOLD DATA
Summary table A. Household data, seasonally adjusted
[Numbers in thousands]

Category	Oct. 2022	Aug. 2023	Sept. 2023	Oct. 2023	Change from: Sept. 2023- Oct. 2023
Employment status					
Civilian noninstitutional population	264,535	267,213	267,428	267,642	214
Civilian labor force	164,646	167,839	167,929	167,728	-201
Participation rate	62.2	62.8	62.8	62.7	-0.1
Employed	158,593	161,484	161,570	161,222	-348
Employment-population ratio	60.0	60.4	60.4	60.2	-0.2
Unemployed	6,053	6,355	6,360	6,506	146
Unemployment rate	3.7	3.8	3.8	3.9	0.1
Not in labor force	99,890	99,374	99,498	99,914	416
Unemployment rates					
Total, 16 years and over	3.7	3.8	3.8	3.9	0.1
Adult men (20 years and over)	3.3	3.7	3.8	3.7	-0.1
Adult women (20 years and over)	3.4	3.2	3.1	3.3	0.2
Teenagers (16 to 19 years)	11.0	12.2	11.6	13.2	1.6
White	3.3	3.4	3.4	3.5	0.1
Black or African American	5.9	5.3	5.7	5.8	0.1
Asian	2.9	3.1	2.8	3.1	0.3
Hispanic or Latino ethnicity	4.2	4.9	4.6	4.8	0.2
Total, 25 years and over	3.0	3.0	3.1	3.1	0.0
Less than a high school diploma	6.2	5.4	5.5	5.8	0.3
High school graduates, no college	3.9	3.8	4.1	4.0	-0.1
Some college or associate degree	3.0	3.0	3.0	3.1	0.1
Bachelor's degree and higher	1.9	2.2	2.1	2.1	0.0
Reason for unemployment					
Job losers and persons who completed temporary jobs	2,695	2,914	2,858	3,059	201
Job leavers	861	801	797	800	3
Reentrants	1,873	1,930	2,043	1,884	-159
New entrants	494	597	568	612	44
Duration of unemployment					
Less than 5 weeks	2,215	2,221	2,051	2,268	217
5 to 14 weeks	1,774	1,877	2,044	1,836	-208
15 to 26 weeks	817	1,002	1,072	1,081	9
27 weeks and over	1,169	1,296	1,216	1,282	66
Employed persons at work part time					
Part time for economic reasons	3,664	4,221	4,065	4,283	218
Slack work or business conditions	2,535	2,799	2,793	2,982	189
Could only find part-time work	867	1,021	938	1,002	64
Part time for noneconomic reasons	21,297	21,975	22,152	21,539	-613
Persons not in the labor force					
Marginally attached to the labor force	1,493	1,505	1,457	1,417	-40
Discouraged workers	373	386	367	416	49

資料來源：美國勞工統計局

　　以下舉例說明 2023 年 10 月美國勞動參與率、就業率及失業率的計算方式：

- **勞動參與率**＝勞動力人口（167,728）／勞動力人口（167,728）＋非勞動力人口（99,914）＝62.7%。
- **就業人數（Employed）**：指美國就業人口，如上圖 3-1-4，美國 2023 年 10 月就業人口為 161,222（千人）。

- 就業率（**Employment-population ratio**）＝就業人數（161,222）／勞動力（167,728）＋非勞動力（99,914）＝60.2％
- 失業率（**Unemployment rate**）＝失業數（6,506）／勞動力（167,728）＝3.9％

3-2 非農就業新增人口：小非農為大非農領先指標

美國非農就業新增人口（Nonfarm Payrolls，簡稱非農）月增變化可以觀察短期新增的就業動能，是美國最重要的總經數據。非農是排除農業的就業人口、私人雇員及 NGO（非政府組織）從業人員等的就業數據。

表 3-2-1 美國大非農及小非農說明及調查方式

調查方式	1.家庭調查 2.機構調查
大非農 （非農新增）	美國勞工部勞工統計局（官方單位） 每月第一個星期五發布（公布私營及政府單位）
小非農	自動數據處理公司（非官方單位） 每月第一個星期星期三發布（公布私營非政府單位） 非農就業數據的領先指標（小非農日期提早公布）

資料來源：美國勞工統計局、作者整理

自動數據處理公司（Automatic Data Processing, ADP），是美國非官方的就業調查，專門發布的私營部門非農數據（Nonfarm private sector employment），而小非農便是該公司每月定期發布的就業數據。

美國非農就業在統計時分成私人企業及政府就業，私人企業又分成商品生產以及服務業，其中又可以再細分成 13 子項目（表 3-2-2）。

表 3-2-2 美國非農就業職業分類

私人企業	（1）商品生產	1.礦業	
		2.營建業	
		3.製造業	A 耐久財
			B 非耐久財
	（2）服務業	4. 批發貿易業	
		5. 零售貿易業	
		6. 運輸服務業	
		7. 公用事業	
		8. 資訊傳播業	
		9. 金融業	
		10. 專業技術業	
		11. 教育醫療業	
		12. 休閒娛樂業	
		13. 其他服務業	
政府就業			

資料來源：美國勞工統計局、作者整理

圖 3-2-1 美國 2023／8 ～ 2023／10 非農、私人及政府就業新增人數

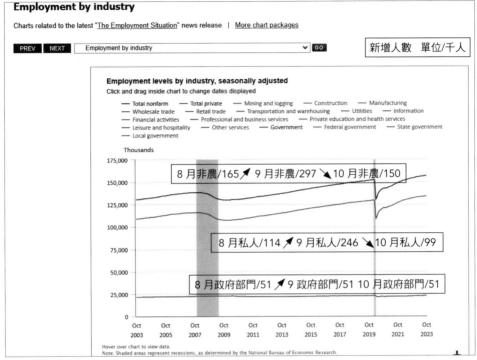

箭頭表示數據上升或下跌

資料來源：美國勞工統計局、作者整理

　　從圖 3-2-2 可以發現美國 2023／4～2023／10 小非農就業月增為領先指標，因為小非農新增就業人數在 2023 年 5 月開始減少，但非農新增就業人數（大非農）在 2023 年 6 月開始減少，因此可以發現小非農是大非農的領先指標。小非農除占美國就業人口 20％之外，並且在美國非農就業數據的前天公布，所以多被視為美國官方非農就業的風向球，許多投資人常以此小非農為指標先行預估非農就業數據，以利提前布局。

圖 3-2-2 美國 2023／4～2023／10 非農就業及小非農就業月增

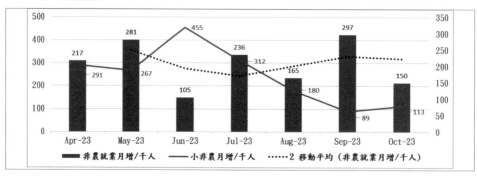

資料來源：美國勞工統計局、美國自動數據處理公司

從表 3-2-3 中可以發現美國 2022／12～2023／10 非農新增就業之公布值及第一次修正值，有 5 次是向下調整，4 次是向上調整。5 次向下調整總計多調整 177K，4 次向上調整少調整 133K，向上調整及向下調整總計多調整 44K，故可看出在推估非農新增就業相對上是較高估的。高估的原因是修正後數字有 5 次向下調整，多於 4 次向上調整，故多高估 1 次，並且仍要向下調整 44k，故當初高估了數字。

表 3-2-3 美國 2022/12 ～ 2023/10 非農新增公布值、第 1 次及 2 次修正值

月（台灣公布時間）	公布值	預測值	第一次修正值	第二次修正值
12 月（2023/1/6）	223K	200K	256K	
1 月（2023/2/3）	517K	185K	260K(37K)	
2 月（2023/3/10）	311K	205K	504K(-13K)	
3 月（2023/4/7）	236K	239K	326K(15K)	
4 月（2023/5/5）	253K	180K	165K(-71K)	
5 月（2023/6/2）	339K	180K	294K(41K)	217K(52K)
6 月（2023/7/7）	209K	225K	339K(0)	
7 月（2023/8/4）	187K	200K	185K(-24K)	281K(-58K)
8 月（2023/9/1）	187K	170K	157K(-30K)	
9 月（2023/10/6）	336K	170K	227K(40K)	
10 月（2023/11/3）	150K	180K	297K(-39K)	165K

資料來源：美國勞工統計局、美國自動數據處理公司

　　美國非農就業數據中，其商品生產包括礦業、營建業及製造業等行業，占美國總就業人口約 14％，表 3-2-4 分別描述美國商品生產概況。

表 3-2-4　美國 2022／9～2022／10 商品生產業的就業人口數（千人）

年／月	營建業（房市）	礦業（能源）	製造業（出口）
2022／9	7,797	613	12,917
2022／10	7,814	616	12,954
2022／11	7,833	624	12,968
2022／12	7,859	628	12,974
2023／1	7,885	632	12,985
2023／2	7,899	633	12,988
2023／3	7,890	635	12,976
2023／4	7,901	640	12,985
2023／5	7,926	643	12,981
2023／6	7,955	642	12,985
2023／7	7,967	644	12,983
2023／8	7,997	644	12,981
2023／9	8,010	645	12,995
2023／10	8,033	646	12,960

資料來源：美國勞工統計局、作者整理

　　從表 3-2-5 中可以發現，美國非農就業在商品生產業的就業人口月增率及年增率以礦業較高，製造業月增率及年增率相對低。

表 3-2-5 美國 2022/9 ～ 2022/10 商品生產業的就業人口月增率及年增率

年／月	營建／月增	營建／年增	礦業／月增	礦業／年增	製造／月增	製造／年增
2023／9	0.21%	4.35%	0.33%	8.69%	0.20%	3.86%
2023／10	0.22%	3.99%	0.49%	8.45%	0.29%	3.67%
2023／11	0.24%	3.61%	1.30%	9.09%	0.11%	3.41%
2022／12	0.33%	3.49%	0.64%	8.46%	0.05%	3.10%
2023／1	0.33%	3.89%	0.64%	9.34%	0.08%	2.92%
2023／2	0.18%	3.00%	0.16%	8.58%	0.02%	2.64%
2023／3	-0.11%	2.57%	0.32%	7.81%	-0.09%	2.04%
2023／4	0.14%	2.64%	0.79%	7.02%	0.07%	1.70%
2023／5	0.32%	2.46%	0.47%	7.17%	-0.03%	1.50%
2023／6	0.37%	2.66%	-0.16%	5.77%	0.03%	1.29%
2023／7	0.15%	2.50%	0.31%	5.06%	-0.02%	0.96%
2023／8	0.38%	2.78%	0.00%	5.40%	-0.02%	0.70%
2023／9	0.16%	2.73%	0.16%	5.22%	0.11%	0.60%
2023／10	0.29%	2.80%	0.16%	4.87%	-0.27%	0.05%

資料來源：美國勞工統計局、作者整理

　　分析美國非農就業時，分為私人企業及政府就業，在私人企業中又分成商品生產以及服務業，可以從非農就業細項來判讀各行業所處的現況，然後推論該行業所生產的產品會發生什麼變化，例如圖 3-2-3 教育醫療非農就業月變動最高，所生產的商品就會受影響，例如美國在新冠肺炎疫情後，對教育醫療的人員就業需求就很大。

圖 3-2-3 美國非農就業月增細項（月變動／2023 年 10 月）

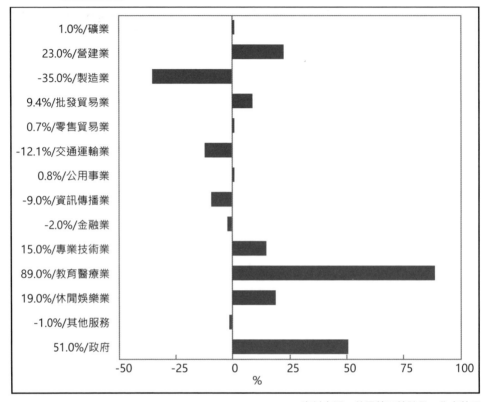

資料來源：美國勞工統計局、作者整理

美國 2023 年 10 月非農就業新增就業人數降低至 15 萬人，10 月失業率升至近兩年新高（失業率為 3.9%），10 月非農就業季增細項在私人企業的商品生產以營建業最高（66%），製造業最低（-23%），在私人企業的服務業，以教育醫療業（272.0%）及休閒娛樂業（101.0%）最高。

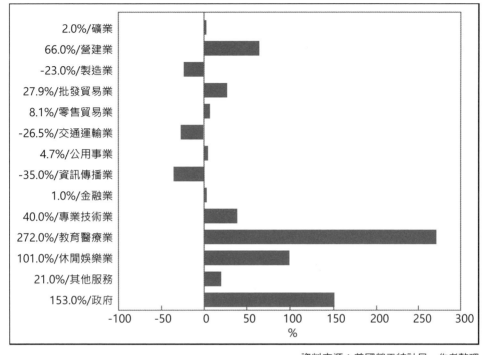

圖 3-2-4 美國非農就業季增細項（季變動／2023 年 10 月）

資料來源：美國勞工統計局、作者整理

　　從圖 3-2-5 中，美國 2023 年 10 月非農就業半年新增細項，在私人企業的商品生產以營建業最高（132％），製造業最低（-25％），在私人企業的服務業，以教育醫療業（543.0％）及休閒娛樂業（193.0％）最高，資訊傳播業（-68％）為最低，次低為交通運輸業（-33.8％），另外政府也高達 289％。

圖 3-2-5 美國非農就業半年增細項（半年變動／2023 年 10 月）

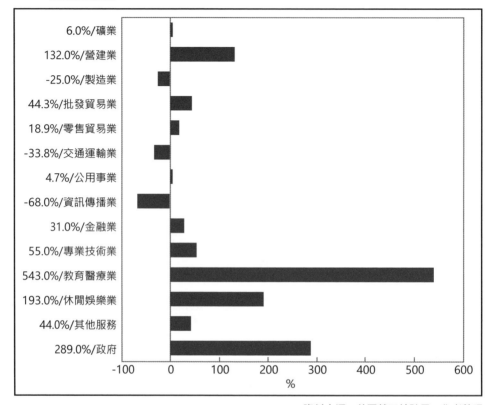

資料來源：美國勞工統計局、作者整理

2023 年 10 月非農就業新增 15 萬（前值 29.7 萬），低於市場預期的 17 萬，同時勞動部下修 8、9 月前值分別至 16.5 萬（前 22.7 萬）及 29.7 萬（前 33.6 萬）。從圖 3-2-6 中觀察細項 10 月年增率最高為商品生產的營建業（210.0％）及服務的教育醫療業最高（1031.0％）。

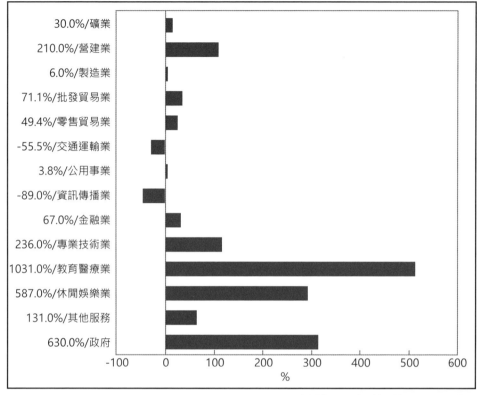

圖 3-2-6 美國非農就業年增細項（年變動／2023 年 10 月）

資料來源：美國勞工統計局、作者整理

　　表 3-2-6 顯示美國非農就業月增、季增、半年增最高為教育醫療業、休閒娛樂業、專業技術業及政府，最低資訊傳播業、交通運輸及製造業。

表 3-2-6 美國非農就業月增、季增、半年增在各行業年增細項

產業	月增率	季增率	半年增率	年增率
礦業	1.0%	2.0%	6.0%	30.0%
營建業	23.0%	66.0%	132.0%	219.0%
製造業	-35.0%	-23.0%	-25.0%	6.0%
批發銷售	9.4%	27.9%	44.3%	71.0%
零售銷售	0.7%	8.1%	18.9%	49.4%
交通運輸業	-12.1%	-26.5%	-33.8%	-55.5%
公用事業	0.8%	4.7%	4.7%	3.8%
資訊傳播業	-9.0%	-35.0%	-68.0%	-89.0%
金融業	-2.0%	1.0%	31.0%	67.0%
專業技術業	15.0%	40.0%	55.0%	236.0%
教育醫療業	89.0%	272.0%	543.0%	1031.0%
休閒娛樂業	19.0%	101.0%	193.0%	587.0%
其他服務	-1.0%	21.0%	44.0%	131.0%
政府	51.0%	153.0%	289.0%	630.0%

資料來源：美國勞工統計局、作者整理

圖 3-2-7 美國非農就業月增率、季增率、半年增率及年增率前五名產業

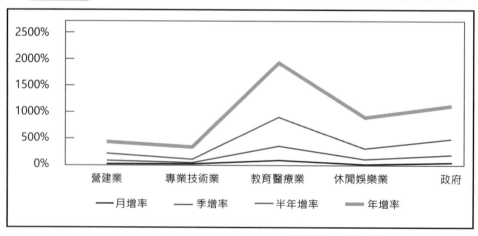

資料來源：美國勞工統計局、作者整理

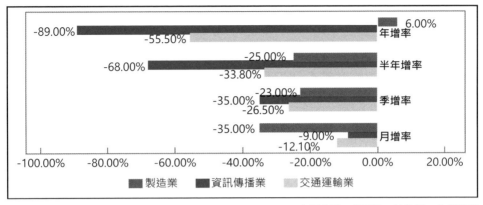

資料來源：美國勞工統計局、作者整理

　　美國非農就業報告可分為家庭調查與機構調查兩個機構研究，兩個機構調查可以讓美國聯準會了解不同構面的勞動市場情況。家庭調查是每月對 6 萬戶左右符合條件的家庭，按照人口之年齡及種族等進行調查。機構調查針對不同產業 38 萬家企業及政府單位進行分析，供新增非農就業人口、平均每小時工作、時薪及每周平均收入等。

3-3　失業率：影響貨幣政策的關鍵數據 ————

　　失業率（Unemployment Rate）是計算在整體勞動人口中有多少失業人口，也是各國政府（美國為聯準會）用以制訂貨幣政策的重要指標。高失業率代表不景氣，但低失業率代表景氣較好。因此不管各個國家失業率如何，各國政府都需要對失業率制訂相應的財政政策及貨幣政策。

　　失業率雖可看出該經濟體的景氣，但讀者仍需注意的是，失業率在性質上屬落後指標，反映過去一個月的經濟現象，一般認為，失業率會落後景氣 3～9 個月。

失業率＝失業人口／勞動人口×100%

範例：2023 年美國 10 月失業率為 3.9%

算式為：

2023 年 10 月美國失業人口(6,506)／美國勞動人口(167,728)＝3.9%

美國經濟衰退指標》薩姆規則

當美國三個月失業率移動平均值，減去此前 12 個月內失業率低點，得出數值在 0.5 個百分點以上時，意味著經濟衰退。舉例來說，美國 2023 年 8 月至 10 月失業率已經連續上升 3 個月，並且接近 4% 高點，而失業率低點為 3.4%，2023 年 10 月為 3.9% 為該年失業率最高點，8 月和 9 月都是 3.8%，雖未達經濟衰退標準，但失業率已經逐步上升，未來聯準會將持續觀察，並適度調整貨幣政策。

先談談什麼是「移動平均值」（Moving Average），它又稱「均線」，意思是將特定某段時間段內的價格加總除以天數得出的一個算術平均值，然後隨著時間段向後推移一個時間單位後，然後得出下一個平均值，例如 5 日均線就是過去連續五天的收盤價加起來除以 5 的線。

表 3-3-1 移動平均法的常用兩種方式

方法	簡單移動平均法	加權移動平均法
計算方式	（5 天前的收盤 ＋4 天前的收盤 ＋3 天前的收盤 ＋2 天前的收盤 ＋1 天前的收盤 ）÷5	（5 天前的收盤 ×1＋4 天前的收盤值×2＋3 天前的收盤 ×3＋2 天前的收盤 ×4＋1 天前的收盤 ×5）÷15

薩姆規則的計算方式如下：

（1）8 月（3.8%）＋9 月（3.8%）＋10 月（3.9%）／3＝3.83%

（2）3.83％－近 12 個月失業率最低點（3.4％）＝0.43％

（3）0.43％＜0.5％（尚未達到薩姆規則）

圖 3-3-1 美國 2023／7～2023／10 美國失業率

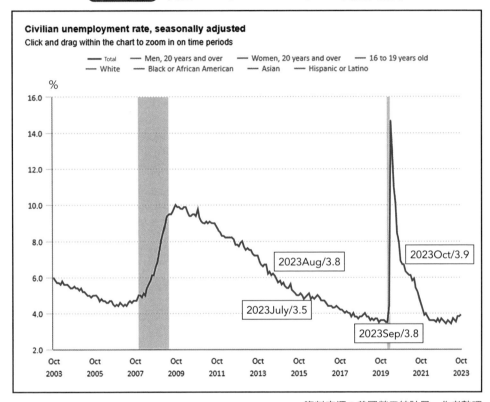

資料來源：美國勞工統計局、作者整理

表 3-3-2 美國 2022 ／ 6 ～ 2023 ／ 10 失業率

日期	失業率
2022 年 7 月	3.5%
2022 年 8 月	3.7%
2022 年 9 月	3.5%
2022 年 10 月	3.7%
2022 年 11 月	3.6%
2022 年 12 月	3.5%
2023 年 1 月	3.4%
2023 年 2 月	3.6%
2023 年 3 月	3.5%
2023 年 4 月	3.4%
2023 年 5 月	3.7%
2023 年 6 月	3.6%
2023 年 7 月	3.5%
2023 年 8 月	3.8%
2023 年 9 月	3.8%
2023 年 10 月	3.9%

資料來源：美國勞工統計局、作者整理

從圖 3-3-2 可發現，美國 2023／8～2023／10 三個月失業率平均為 3.83％，減去此前 12 個月內失業率低點 3.4%為 0.43％，未超過 0.5％，雖未達衰退，但從圖 3-3-3 可預期失業率為向上趨勢。

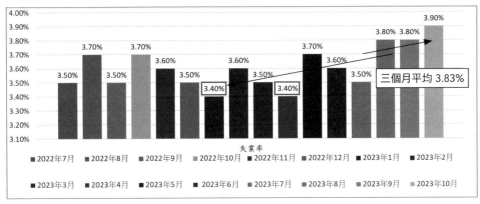

圖 3-3-2 美國 2022 ／ 7 ～ 2023 ／ 10 失業率

資料來源：美國勞工統計局、作者整理

圖 3-3-3 美國 2022 ／ 7 ～ 2023 ／ 10 失業率及失業率預測

資料來源：美國勞工統計局、作者整理

從申請失業救濟金人數觀察美國勞動市場

初次申請失業救濟金人數：

　　此為美國勞工部於每周四公布失業救濟金資料中的其中一份資料，該項數據統計上周美國初次領取失業救濟金的人數。這份數據屬於失業率的領先指標，透過初次申請失業救濟金人數，可以真正了解美國勞動市場是否新增失業人數。

連續申請失業救濟金人數：

此為美國勞工部於每周四公布失業救濟金資料中的另一份資料，內容是持續申請救濟金的人數，是上上周連續申請失業救濟金的人數。但連續領取失業救濟金人數並非失業率領先指標，而是失業率的同時指標。

表 3-3-3 初次申請失業救濟金人數及連續申請失業救濟金人數之公布

時間／定義	初次申請失業救濟金人數	連續申請失業救濟金人數
公布時間	每周四	每周四
涵蓋時間	統計上周	統計上上周
指標定義	失業率的領先指標	失業率的同時指標

資料來源：美國勞工部就業與訓練局

讀者可透過美國勞工部就業與訓練局（Employment and Training Administration, ETA）（圖 3-3-4）的網頁，查詢美國首次申請失業救濟金人數（圖 3-3-5 與 3-3-6），找到 11／9 公布至 11／4 的初領失業救濟金人數。

圖 3-3-4 美國勞工部就業與訓練局網頁

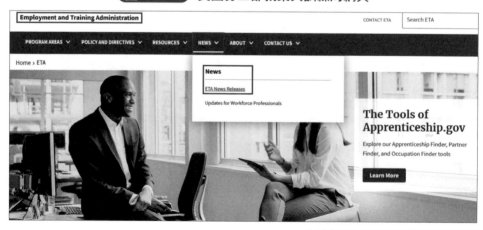

資料來源： 美國勞工部就業與訓練局

圖 3-3-5 2023／11／9 公布 2023／11／4 美國初領失業救濟金

NOVEMBER 13, 2023

US Department of Labor kicks off 9th annual National Apprenticeship Week

WASHINGTON – The U.S. Department of Labor today announced the start of National Apprenticeship Week, an annual event that includes plans in 2023 for more than 1,300 events and proclamations nationwide, united by the theme, "Registered Apprenticeship: Superhighway to Good Jobs."

NOVEMBER 9, 2023

US Department of Labor provides states with new guidance on improving access to unemployment insurance systems

WASHINGTON – The U.S. Department of Labor has released guidance to states on how to promote equitable access for all workers and jobseekers to unemployment insurance programs.

In a Nov. 8, 2023, letter to unemployment insurance systems across the nation, the department's Employment and Training Administration shared best practices for evaluating and enhancing equitable access through all stages in the unemployment insurance claim process to improve customer experience and state workload efficiency.

NOVEMBER 9, 2023

Unemployment Insurance Weekly Claims Report

11/9 公布 11/4 為止的初領失業金

In the week ending November 4, the advance figure for seasonally adjusted initial claims was 217,000, a decrease of 3,000 from the previous week's revised level. The previous week's level was revised up by 3,000 from 217,000 to 220,000. The 4-week moving average

資料來源：美國勞工部就業與訓練局

圖 3-3-6 美國初請失業金人數及連續申請失業救濟金人數

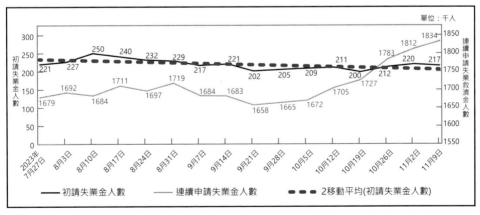

資料來源：美國勞工部就業與訓練局

美國勞工部於 2023 年 11 月 9 日公布最新初領失業救濟金的人數，及經過季節調整後截至 2023 年 11 月 4 日當周，初領失業救濟金人數維持在 21.7 萬人，低於市場預期的 22 萬人；而連續領取失業救濟金的人數截至 2023 年 11 月 4 日當周，上升至 183.4 萬人，高於市場預期。首次申請失業救濟金人數的 4 周移動平均值較前周修正值增加 1,500 人至 21.2 萬人，當周連續申請失業救濟金人數的 4 周移動平均值，較前周修正值增加 3.2 萬人至 178.9 萬人。可看出連續申請失業救濟金的人數逐漸向上，但初請失業救濟金人數是向下的趨勢，利用移動平均統計推估趨勢仍是向下。

由於初請失業救濟金人數為領先指標，連續申請失業救濟金人數為落後指標，一些美國專家也提出，若未來初請失業金人數持續上升，美國經濟將會慢慢惡化，聯準會將停止升息轉變為開始降息，以降低經濟惡化衝擊。

3-4　每周平均工時及每小時薪資：與經濟狀況成正比

每周平均工時：

每周平均工時是由美國勞動部之勞工統計局所提供的企業調查數據，現階段有分為製造業（商品生產）與服務業兩種類別。若美國每周平均工時減少，代表經濟成長正在減緩，一些雇主可能會先降低勞工平均工時，然後開始裁員，會使美國經濟開始走入衰退的階段。反之，當美國每周平均工時增加，代表經濟正在成長，一些雇主可能會先提高勞工平均工時，然後開始增員。

每小時薪資：

是統計雇員加班、晚班加給及小費的薪資總收入，但不包含公司福利、不定期獎金及工資稅等，可實際反映雇員收入。若每小時時薪增加，代表美國經濟活動良好及勞動市場活絡，雇主願意付出更高的時薪。當時

薪提高，將會反映商品之生產成本，廠商會將成本轉嫁給消費者，而造成物價上升。

美國勞工部勞工統計局在 2023 年 11 月 3 日公布美國 10 月平均每周工時為 34.3 小時（可參考表 3-4-1），預期 34.4 小時，前值 9 月為 34.4 小時，較上個月低 0.1 個小時，平均每周工時月增率為-0.3％，每周工時年增率為-0.9％。

另美國 10 月平均每小時薪資年增率為 4.1％，預期 4.0％，修正後前值 4.2％（9 月平均每小時薪資年增率為 4.2％），平均每小時薪資月增率 0.2％，預期 0.3％，修正後前值 0.2％（9 月平均每小時薪資月增率為 0.2％）。

表 3-4-1　美國 2022／8～2023／10 每周平均工時

時間	每周平均工時	每周平均工時-商品生產	每周平均工時-服務業
2022／8	34.5	40.6	32.9
2022／9	34.6	40.7	32.9
2022／10	34.6	40.8	32.9
2022／11	34.5	40.4	32.9
2022／12	34.4	40.3	32.8
2023／1	34.6	40.7	33.0
2023／2	34.5	40.6	32.8
2023／3	34.4	40.4	32.8
2023／4	34.4	40.5	32.7
2023／5	34.3	40.5	32.7
2023／6	34.4	40.5	32.7
2023／7	34.3	40.5	32.7
2023／8	34.4	40.6	32.7
2023／9	34.4	40.6	32.7
2023／10	34.3	40.6	32.6

資料來源：美國勞工統計局、作者整理

表 3-4-2 美國 2022／7～2023／10 每周平均工時月增率及年增率

時間	每周平均工時月增率	每周平均工時年增率
2022／07	0％	-0.6％
2022／08	-0.3％	-0.6％
2022／09	0.3％	-0.6％
2022／10	0％	-0.3％
2022／11	-0.3％	-0.9％
2022／12	-0.3％	-1.1％
2023／01	0.6％	0％
2023／02	-0.3％	-0.6％
2023／03	-0.3％	-0.9％
2023／04	0％	-0.6％
2023／05	-0.3％	-0.9％
2023／06	0.3％	-0.6％
20223／07	-0.3％	-0.9％
2023／08	0.3％	-0.3％
2023／09	0％	-0.6％
2023／10	-0.3％	-0.9％

資料來源：美國勞工統計局、作者整理

綜合上述資料顯示，美國 2023 年 10 月平均每周工時月增率及年增率開始降低， 10 月平均每小時薪資年增率減少 0.1％，平均每小時薪資月增率持平上個月，表示美國勞動市場需求開始減弱。若從下頁圖 3-4-1 觀察，美國每周平均工時按商品生產及服務業兩類已有下降的趨勢；另從圖 3-4-2 細項看美國製造業及耐久財的平均每周工時的走勢，同樣可看出美國經濟有衰退的現象。

圖 3-4-1 美國每周平均工時按商品生產及服務業兩類

單位：小時

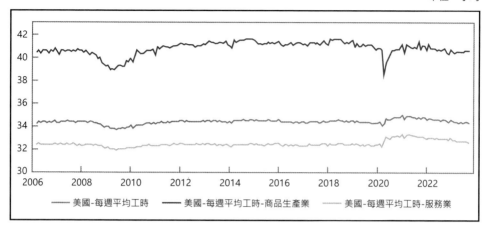

資料來源：美國勞工統計局、財經 M 平方

圖 3-4-2 美國製造業及耐久財的平均每周工時走勢

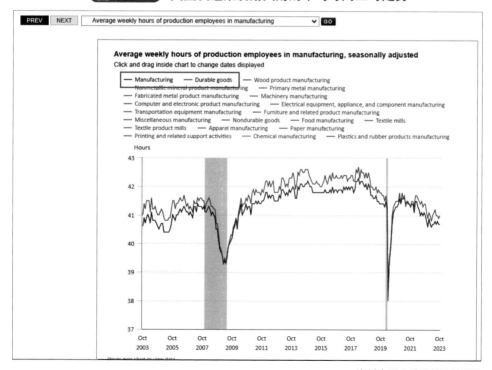

資料來源：美國勞工統計局

　　美國 2022／7～2023／10 每周平均工時月增率及年增率的**趨勢**，其數值及方向開始陸續往下，從圖 3-4-3 來看，也是逐漸往下；但若線性統計看每周平均工時月增率，其長期的**趨勢**也是向下的。足見未來美國經濟會逐漸產生衰退的現象，使雇主雇用勞工平均每周工時減少。

圖 3-4-3 美國 2022 ／ 7 ～ 2023 ／ 10 每周平均工時月增率及年增率走勢

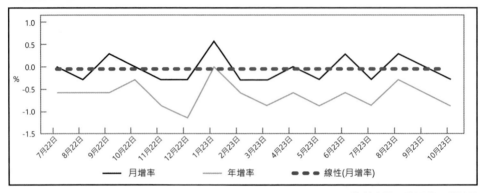

資料來源：美國勞工統計局

　　從以下圖表可發現，美國 2022／9～2023／10 平均時薪月增率及年增率皆是**趨勢**向下，另從線性統計預估美國平均時薪月增率，也是向下**趨勢**，足見美國經濟可能是慢慢軟著陸，以及未來有衰退疑慮。

表 3-4-3 美國 2022／9 ～ 2023／10 平均時薪月增率及年增率

月份	月增率	年增率
2022／9	0.3％	5.0％
2022／10	0.5％	4.7％
2022／11	0.6％	5.1％
2022／12	0.3％	4.6％
2023／1	0.3％	4.4％
2023／2	0.2％	4.6％
2023／3	0.3％	4.2％
2023／4	0.5％	4.4％
2023／5	0.3％	4.3％
2023／6	0.4％	4.4％
2023／7	0.4％	4.4％
2023／8	0.2％	4.3％
2023／9	0.2％	4.2％
2023／10	0.2％⇩	4.1％⇩

資料來源：美國勞工統計局、作者整理

圖 3-4-4 美國 2022／9 ～ 2023／10 平均時薪月增率及年增率

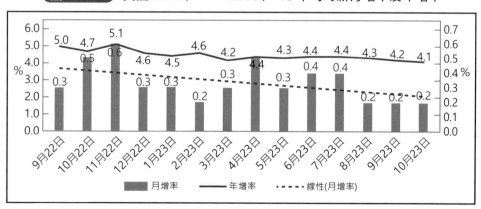

資料來源：美國勞工統計局、作者整理

3-5 雇傭成本指數：聯準會用它來判斷通膨

雇傭成本指數（Employment Cost Index, ECI）：

　　是統計企業支付勞工薪資、健康保險等福利的成本，也是通貨膨脹的預警，因為企業會將勞務成本轉嫁給消費者，造成零售物價上漲。所以該指標被美國聯準會官員視為密切關注通膨的指標。

　　2023 年美國 Q3 雇傭成本指數為 4.3％（參考圖 3-5-1 及表 3-5-1），低於 Q2 的增幅幅度（Q2 雇傭成本指數為 4.5％）。從年增率的數據來看，雇傭成本的降溫速度將會慢慢顯著，因為 2023 年 Q3 之雇傭成本指數年增率為 4.3％，已經創下 2021 年 Q4 以來的新低，也低於 2023 年 Q2 的 4.5％及 2022 年 Q3 的 5.2％。

　　另外，雇傭成本指數的年增率已於 2022 年 Q2 觸頂（5.5％），之後慢慢的趨緩，足見勞動市場及就業狀況已經開始緩和，可預期未來通膨會趨緩，加上以巴戰爭尚未緩和，聯準會即將啟動寬鬆的貨幣政策——降息。

圖 3-5-1 美國 2022Q4 ～ 2023Q3 雇傭成本指數年增率

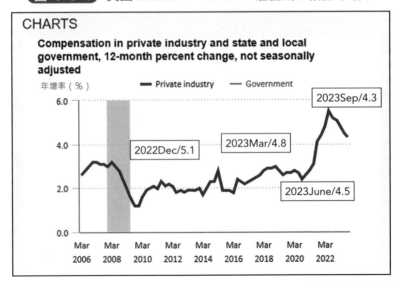

資料來源：美國勞工統計局

表 3-5-1 美國 2020 第 1 季～ 2023 第 3 季雇佣成本指數年增率

年份月份（季）	年增率
2020／03（Q1）	2.8％
2020／06（Q2）	2.7％
2020／09（Q3）	2.4％
2020／12（Q4）	2.6％
2021／03（Q1）	2.8％
2021／06（Q2）	3.1％
2021／09（Q3）	4.1％
2021／12（Q4）	4.4％
2022／03（Q1）	4.8％
2022／06（Q2）	5.5％
2022／09（Q3）	5.2％
2022／12（Q4）	5.1％
2023／03（Q1）	4.8％
2023／06（Q2）	4.5％
2023／09（Q3）	4.3％

資料來源：美國勞工統計局、作者整理

　　圖 3-5-2 為美國勞工統計局提供的雇傭成本指數，資料中發現美國 2023 年第三季的雇傭成本指數為 4.3％，開始陸續調降了。

圖 3-5-2 美國雇傭成本指數及年增率

Table 4. Employment Cost Index for total compensation, for civilian workers, by occupational group and industry[1]
[Not seasonally adjusted]

Occupational group and industry	Indexes (Dec. 2005=100)			Percent changes for					
				3-months ended-			12-months ended-		
	Sep. 2022	Jun. 2023	Sep. 2023	Sep. 2022	Jun. 2023	Sep. 2023	Sep. 2022	Jun. 2023	Sep. 2023
All workers[2]	154.1	159.0	160.8	1.3	1.0	1.1	5.0	4.5	4.3
Excluding incentive paid occupations[3]	153.9	158.9	160.7	1.4	1.0	1.1	5.2	4.7	4.4
Occupational group									
Management, professional, and related	150.3	155.0	157.0	1.3	1.0	1.3	4.2	4.4	4.5
Management, business, and financial	151.1	155.9	157.6	0.7	1.2	1.1	3.8	3.9	4.3
Professional and related	149.8	154.5	156.7	1.6	0.8	1.4	4.5	4.7	4.6
Sales and office	157.5	163.0	164.2	1.2	1.1	0.7	5.9	4.7	4.3
Sales and related	155.2	160.9	161.3	0.9	1.1	0.2	6.4	4.6	3.9
Office and administrative support	158.5	163.9	165.7	1.3	1.0	1.1	5.5	4.7	4.5
Natural resources, construction, and maintenance	152.2	156.8	158.6	1.1	1.0	1.1	4.5	4.1	4.2
Construction, extraction, farming, fishing, and forestry occupations	151.8	156.2	157.7	1.0	1.0	1.0	4.2	3.9	3.9
Installation, maintenance, and repair	152.6	157.6	159.7	1.1	1.0	1.3	4.7	4.4	4.7
Production, transportation, and material moving	157.3	162.2	163.5	1.2	1.0	0.8	5.4	4.4	3.9
Production	153.6	158.7	159.8	1.2	1.0	0.7	5.3	4.5	4.0
Transportation and material moving	162.6	167.4	168.9	1.3	1.0	0.9	5.5	4.3	3.9
Service occupations	164.0	169.7	171.8	1.9	1.0	1.2	7.0	5.4	4.8
Industry									
Goods-producing industries[4]	149.4	154.1	155.1	0.8	1.0	0.6	4.5	4.0	3.8
Manufacturing	149.1	153.7	154.6	0.7	0.9	0.6	4.6	3.9	3.7
Service-providing industries[5]	154.9	159.9	161.9	1.4	1.0	1.3	5.2	4.6	4.5
Education and health services	152.4	156.9	159.7	2.0	0.7	1.8	5.0	5.0	4.8
Educational services	151.4	154.7	158.4	2.5	0.4	2.4	4.3	4.7	4.6
Elementary and secondary schools	151.9	155.0	158.9	2.8	0.4	2.5	4.3	4.9	4.6
Junior colleges, colleges, universities, and professional schools	150.1	153.4	156.7	2.3	0.3	2.2	4.3	4.6	4.4
Health care and social assistance	153.4	159.0	161.1	1.5	1.0	1.3	5.8	5.2	5.0

資料來源：美國勞工統計局

　　從下圖可發現，2020 第 1 季雇傭成本指數年增率低於 3%（2.8%），並且從年初降到 2020 年第 4 季年底（2.6%）；但從 2021 年第 1 季（2.8%）開始逐步升高，原因為空缺職位數量接近創紀錄水準，所以雇主們不得不以更高的薪資和其他福利來吸引勞工和留住勞工，導致美國勞動力成本持續上升，進而形成雇傭成本指數上升。直到 2022 年第 2 季（5.5%）達到最高點，但從 2023 年第 1 季（4.8%）開始逐步緩和，直到 2023 年第 3 季年增率為 4.3%。

　　綜合上述資料顯示，美國通膨逐漸下降，因此升息政策已經放慢了，預估聯準會寬鬆貨幣政策的降息即將到來。

圖 3-5-3 美國 2020 年第 1 季～ 2023 年第 3 季雇傭成本指數年增率

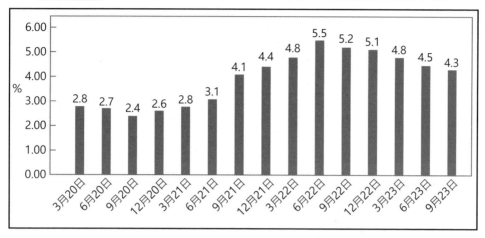

資料來源：美國勞工統計局、作者整理

本章重點快速瀏覽

1. 從美國的勞動參與率、非農新增就業人口及失業率觀察美國就業狀態，以利解讀聯準會的利率政策及做好資產配置。

2. 利用美國非農就業數據的家庭調查及機構調查兩種方式，深入了解美國勞動力、失業人數及失業率統計等資訊，以利了解美國就業資訊後做好資產配置。

3. 從初次申請失業救濟金及連續申請失業救濟金人數，觀察美國就業市場，以利解讀聯準會的利率政策及做好資產配置。

4. 從美國勞動市場每周平均工時及每小時薪資觀察美國勞動市場，以利解讀聯準會的利率政策及做好資產配置。

5. 從美國勞動市場雇傭成本指數，觀察美國勞動市場，以利解讀聯準會的利率政策及做好資產配置。

04

影響聯準會利率政策
最重要的關鍵（二）：
物價

景氣循環以分為擴張、趨緩、衰退、復甦四大階段，而聯準會就是在這四個階段中使用不同的貨幣政策，維持經濟成長及物價穩定。例如美國 2022 年開始復甦，甚至開始擴張，導致生產者物價、消費者物價及個人消費支出指數不斷上升，造成物價上升而超出聯準會設定，迫使聯準會大幅升息，來降低通膨。本章將說明在不同物價的狀況下，聯準會所扮演的角色，並且告訴讀者如何獲得美國物價資料。

2022 年美國受供應鏈影響而使商品價格飆漲造成通膨，但隨著供應鏈問題的解決，2024 年耐用品（指使用時間較長，至少在 1 年以上的物品，如電冰箱、汽車、電視機、機械設備等）的通膨率已經放緩，但服務業成本開始飆漲。原因是美國對於商品與服務有很大的需求，但供給面無法滿足消費者的需求，所以美國商品市場的商品與服務之價格就上漲。

根據美國勞動統計局統計，在新冠肺炎爆發前，美國通貨膨脹率為 1.5％到 2％，但在 2021 年 5 月以後，通貨膨脹就開始加速了，若用 2020 年 12 月及 2021 年 12 月比較，出租汽車上揚了 36％，家具上揚了 17％，食品價格上漲了 6.3％。由於商品市場物價涵蓋了食、衣、住、行，且美國消費者物價指數（CPI）權重中新車（3％～5％）及二手車（2％～3％）合計占比約 7％～8％，且汽車為美國大宗耐久財消費商品，故可以做為觀察通膨預期的重要項目。

截至 2023 年 10 月，美國二手車消費者物價指數年增率下跌 7.14％，2023 年 9 月下跌 7.99％；另外，住房指數占美國消費者價格指數約三分之一，且所有權人約當租金（OER）指數及住宅租金指數，是住房消費者價格指數的最大組成部分，2023 年下半年，美國消費者物價指數與個人消費支出物價指數（PCE）等整體物價指標已大幅降溫，但租金通膨卻居高不下，逼近 7％。因此未來美國通膨與否，租金將扮演很重要因素。另本章也將從美國商品市場及物價資訊，分析美國未來的景氣動向。

4-1 3 大物價指數計算公式 ————————

編製物價指數通常需要 2 類資料，分別為權數及價格變動情況，例如消費者物價指數主要在衡量家庭購買消費性商品及服務價格的變動情形，但市場上流通之商品（如手機）及服務（如手機費）種類繁多，所占支出比重也不一樣，如食用酒價格漲 10%和飲料漲 10%，對大眾生活影響程度不同。

因此，編製消費者物價指數時不能以平均的方法來處理，而是訂定各項商品及服務權數的資料，然後以加權平均的方法來處理，據以顯示個別商品或服務的重要性，故產生用拉氏指數、帕氏指數及費雪指數等計算方法。

拉氏指數（Laspeyres index）

利用加權平均方式並考慮消費者實際購買行為的影響，為多數國家採用的方法。拉氏指數是德國學者拉斯爾斯（Laspeyres）所提出，用基期數量加權計算的價格指數，又稱為基期加權綜合指數。

以可樂與漢堡價格為例（參考表 4-1-1）：

> P106 年_{拉氏指數}＝100×（106 年可樂當期價格×105 年基期數量+106 年漢堡當期價格×105 年基期數量）／（105 年可樂基期價格×105 年基期數量＋105 年漢堡基期價格×105 年基期數量）＝100×（25×20+40×20／20×20+30×20）＝130

帕氏指數（Paasche Index）

強調當前消費水平對物價的影響，而不是基準期數量的影響，以計算期數量做為權重計算消費者物價指數的方法，可同時反映價格和數量及其結構變化。

P106 年$_{帕氏指數}$＝100×（106 年可樂當期價格×105 年計算期數量+106 年漢堡當期價格×105 年計算期數量）／（105 年可樂基期價格×105 年計算期數量+105 年漢堡基期價格×105 年計算期數量）＝100×（25×40+40×10／20×40+30×10）＝127.3

費雪指數（Fisher Index）

計算方式為拉氏指數以及帕氏指數的幾何平均數，主要用於平衡拉氏指數和帕氏指數間的矛盾，又被稱為「費雪理想指數」。

P106 年$_{費雪指數}$＝拉氏指數以及帕氏指數的幾何平均數

＝拉氏指數$^{1/2}$ 帕氏指數$^{1/2}$

＝$130^{1/2} * 127.3^{1/2}$

＝128.6

表 4-1-1　拉氏指數、帕氏指數及費雪指數的計算範例

民國年	商品			
	可樂		漢堡	
	數量	價格	數量	價格
105	20（基期）	20（基期）	20（基期）	30（基期）
106	40（計算期）	25（當期）	10（計算期）	40（當期）
107	30	28（當期）	30	45（當期）

註：105 年為基期，106 年及 107 年為計算期
資料來源：作者整理

表 4-1-2 拉氏指數、帕氏指數及費雪指數比較

指數種類	拉氏指數	帕氏指數	費雪指數
優點	可以反映物價上漲的變化	可以同時反映出價格和數量及其結構的變化	平衡拉氏指數和帕氏指數間的矛盾
缺點	忽略了數量的變化，所以必須隔幾年變更一次基期，以反映消費數量的變化	無法消除數量變動造成的偏誤	不像拉氏指數和派氏指數容易理解
目前適用	消費者物價指數	GDP 平減指數	個人消費支出指數

資料來源：作者整理

4-2 生產者物價指數及核心生產物價指數：生產者物價指數領先消費者物價指數 ——

生產者物價指數（Producer Price Index, PPI）是衡量生產者銷售商品和提供服務價格變動的指標，也是在生產過程中投入成本平均變化的指數。生產者物價指數是聯準會及經濟學家制訂貨幣政策及研究方向的重要參考依據，由於反映的是生產者的成本和物價水平的變動情況，因此常被聯準會用於預測通貨膨脹。

另一個常聽到的指標為核心生產者物價指數（Core PPI），它是指不包含食物、能源等較波動的項目。由於食物和能源較容易受到季節及環境的影響，因此價格波動較為劇烈，因此聯準會及經濟學家認為觀察核心生產者物價指數，較能正確判斷未來美國物價中長期的趨勢及通膨的走向。

美國的生產者物價指數是由美國勞工統計局負責收集和公布，每月公布前一個月的數據，目前涵蓋大約 10,000 個產品，例如農業、採礦業、製造業及天然氣等行業，及七成以上服務業的產出。

美國生產者物價指數和美國通膨之間有密切的關係，因為生產者物價指數是生產者所支付的成本，而且生產者會將成本轉嫁給消費者，所以當生產者物價指數上漲，代表廠商必須支付更多成本來生產產品，最後生產者會將這些成本轉嫁到消費者身上，進而導致消費者物價指數（CPI）上漲，並且導致通膨加劇。

　　由於生產者物價指數有落後性和傳導性，先前所說生產者物價指數升高之後，經過二、三個季度，會影響到消費者物價指數，再過二、三個季度會傳導到核心消費者物價指數，所以生產者物價指數是通膨的先行指標。根據美國勞動部於 2023 年 10 月 11 日公布數據，9 月生產者物價指數年增 2.2%，高於市場預期的 1.6%，已經連續三個月成長，若排除波動較大的食物和能源，其 9 月核心生產者物價指數年增為 2.7%，高於市場預期的 2.3%。

　　若按月增率來看，9 月生產者物價指數月增 0.5%，低於 8 月的 0.7%，並寫下三個月來新低；但是排除波動較大的食品和能源後，其核心生產者物價指數月增 0.3%，高於市場預期的 0.2%，因此未來核心消費者物價指數和核心個人消費支出物價指數，將因核心生產者物價指數而產生升高的跡象，造成聯準會將提出升息政策。

　　圖 4-2-1、4-2-2、4-2-3 提供 2021 年 4 月～2023 年 10 月生產者物價指數及核心生產者物價指數的年增率及月增率，2023 年 10 月生產者物價指數年增 1.3%，低於市場預期的 1.9% 與前值（9 月）的 2.2%；若排除波動較大的食物和能源，其 10 月核心生產者物價指數年增為 2.9%，高於市場預期的 2.7%。

　　若按月增率來看，10 月生產者物價指數月減 0.5%，低於市場預期的 0.1% 及 9 月的 0.5%；但排除波動較大的食品和能源後，其核心生產者物價指數 10 月增 0.1%，低於市場預期的 0.3% 及前值 0.2%。

數據顯示，生產者物價指數經歷四個月的重新加速後在 10 月意外下跌，主要原因是受到汽油價格下滑影響，單月跌幅為 2020 年 4 月以來最大，進一步表明美國整體通膨壓力已經逐漸減弱，因此可以推論聯準會的升息周期應該快要結束了。

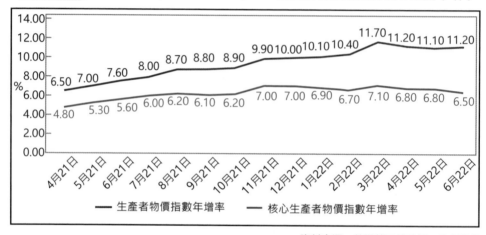

圖 4-2-1 美國 2021 ／ 04 ～ 2022 ／ 06 生產者物價指數及核心生產年增率

資料來源：美國勞工統計局、作者整理

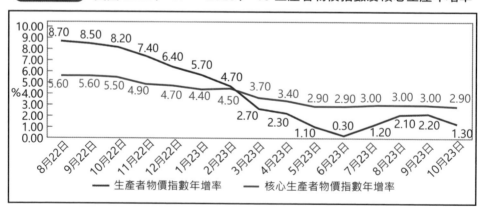

圖 4-2-2 美國 2022 ／ 07 ～ 2023 ／ 10 生產者物價指數及核心生產年增率

資料來源：美國勞工統計局、作者整理

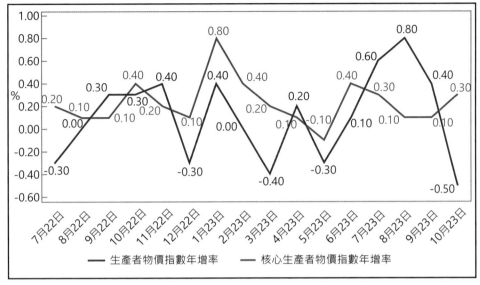

圖 4-2-3 美國 2022／07～2023／10 生產者物價指數及核心生產月增率

4-3 生產者物價指數及消費者物價指數：兩者差距反映企業獲利

生產者物價指數（PPI）是指公司或企業生產者生產的價格，若從企業生產者角度來說，是反映企業所有產品出售時的價格變化。消費者物價指數（CPI），是指消費者購買的價格，若是從消費者角度來說，是反映消費者購買的生活消費品之價格變動。

PPI 與 CPI 兩者差距愈大時，反映公司或企業獲利（或通膨加劇）；相反的，若差距變小時或變成負值，反映公司獲利減少或損失（或通膨減輕）。從表 4-3-2 及圖 4-3-1 可發現美國 2022／8～2022／11 之差距為正值，代表企業獲利或通膨加劇；2023／3～2023／10 差距為負值，代表公司獲利減少（或是通膨減輕）。

表 4-3-1 美國生產者物價指數及消費者物價指數比較

項目	生產者物價指數（PPI）	消費者物價指數（CPI）
定義	反映生產者的生產成本	反映消費者的支付成本
通膨指標	較為領先	較為落後
公布單位	美國勞工統計局	美國勞工統計局
公布時間	較早	較晚

資料來源：美國勞工統計局、作者整理

表 4-3-2 生產者物價指數及消費者物價指數和差距（年增率）

項目	生產者物價指數（PPI）	消費者者物價指數（CPI）	PPI－CPI
2022／8	8.7%	8.2%	0.5%
2022／9	8.5%	8.2%	0.3%
2022／10	8.2%	7.8%	0.4%
2022／11	7.4%	7.1%	0.3%
2022／12	6.4%	6.4%	0.0%
2023／1	5.7%	6.4%	-0.7%
2023／2	4.7%	6.0%	-1.3%
2023／3	2.7%	5.0%	-2.3%
2023／4	2.3%	5.0%	-2.7%
2023／5	1.1%	4.1%	-3.0%
2023／6	0.3%	3.1%	-2.8%
2023／7	1.2%	3.3%	-2.1%
2023／8	2.1%	3.7%	-1.6%
2023／9	2.2%	3.7%	-1.5%
2023／10	1.3%	3.2%	-1.9%

資料來源：作者整理

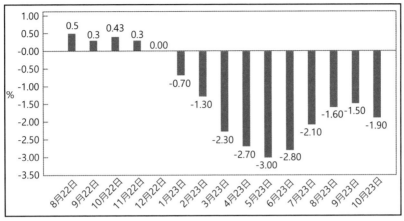

圖 **4-3-1** 美國 2022／8〜2023／10 之 PPI－CPI 走勢

資料來源：美國勞工統計局

　　讀者也可透過美國勞工統計局之生產者物價指數（PPI）選項中的
CHARTS 圖示，找到美國生產者物價指數之月增率（圖 4-3-2）及年增率
（圖 4-3-3）。

圖 **4-3-2** 美國勞工統計局 2023／10 生產者物價指數月增率

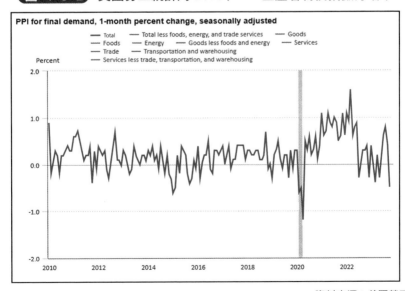

資料來源：美國勞工統計局

圖 4-3-3 美國勞工統計局 2023 ／ 10 生產者物價指數年增率

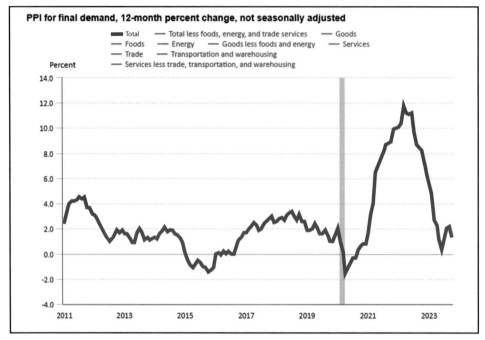

資料來源：美國勞工統計局

　　美國核心生產者物價指數月增率及年增率計算方式，以 2023 年 9 月為例（參考圖 4-3-4、4-3-5）：

　　2023 年 9 月核心生產者物價指數月增率＝（140.241-139.838）／139.838＝0.3％

　　2023 年 9 月核心生產者物價指數年增率＝（140.241-136.618）／136.618＝2.7％

圖 4-3-4 FRED（Federal Reserve Economic Data 聯邦儲備經濟數據）選項

資料來源：美國 FRED、作者整理

圖 4-3-5 排除食物及能源之核心生產者物價指數

資料來源：美國 FRED、作者整理

觀察美國生產者物價指數報告細項

聯準會從 2022 年就開始升息，控制通膨上升，高利率讓存款服務成本飆升，成為 2023 年 9 月生產者物價指數加速成長的推手。若觀察美國勞工部（BLS）報告細項，9 月最終需求商品指數成長 0.9％（圖 4-3-6），為連續第三個月成長，而此次讓生產者物價指數加速升溫的 9 月最終需求能源價格成長 3.3％，其中居民用電成長 5.4％（參考圖 4-3-7）。

2023 年 9 月以來國際油價漲幅明顯，推動航空燃油、液化天然氣、電力和柴油價格成長。另外，最終需求食品也成長 0.9％，為 2022 年 11 月以來最大增幅，扣除食品和能源的最終需求商品指數成長 0.1％，9 月最終需求服務指數成長 0.3％，較 8 月的 0.2％成長。

圖 4-3-6 美國生產者物價指數報告細項── Final demand goods

Table A. Monthly and 12-month percent changes in selected final demand price indexes, seasonally adjusted

Month	Total final demand	Final demand less foods, energy, and trade	Final demand goods				Final demand services				Change in final demand from 12 months ago (unadj.)	Change in final demand less foods, energy, and trade from 12 mo. ago (unadj.)
			Total	Foods	Energy	Less foods and energy	Total	Trade	Transportation and warehousing	Other		
2022												
Sept...	0.3	0.3	0.5	1.5	1.0	0.0	0.2	-0.3	-0.2	0.5	8.5	5.6
Oct.....	0.3	0.2	0.4	0.7	1.5	0.0	0.2	0.2	0.0	0.2	8.2	5.5
Nov....	0.4	0.4	0.3	3.3	-2.3	0.3	0.4	0.5	-0.4	0.5	7.4	4.9
Dec....	-0.3	0.2	-1.4	-0.9	-0.3	0.1	0.2	0.3	0.0	0.2	6.4	4.7
2023												
Jan....	0.4	0.5	1.3	-1.3	5.4	0.6	0.0	-0.8	-0.5	0.5	5.7	4.4
Feb....	0.0	0.3	-0.4	-2.3	-0.8	0.3	0.2	-0.2	-0.8	0.4	4.7	4.5
Mar....	-0.4	0.1	-1.1	0.2	-6.1	0.2	-0.1	-0.6	-0.7	0.2	2.7	3.7
Apr....	0.2	0.2	0.1	-0.4	0.7	0.1	0.2	0.4	-2.5	0.5	2.3	3.4
May[1]..	-0.3	0.0	-1.5	-1.0	-6.9	0.1	0.2	0.8	-0.5	0.2	1.1	2.9
June[1]..	0.0	0.2	0.0	-0.2	0.8	-0.2	0.0	-0.7	0.0	0.3	0.2	2.8
July[1]..	0.6	0.3	0.3	0.4	0.8	0.0	0.8	1.6	0.3	0.6	1.1	2.9
Aug.[1]..	0.7	0.2	2.0	-0.5	10.3	0.1	0.2	0.6	-0.3	0.3	2.0	2.9
Sept...	0.5	0.2	0.9	0.9	3.3	0.1	0.3	0.5	-0.4	0.3	2.2	2.8

資料來源：美國勞工統計局

圖 4-3-7 美國生產者物價指數報告細項── Final demand services

Table 2. Producer price index percentage changes for selected commodity groupings by Final Demand-Intermediate Demand category, seasonally adjusted
[September 2023]

Grouping	Commodity code		Unadjusted 12-month percent change[1] Sept. 2022 to Sept. 2023[p]	Seasonally adjusted 1-month percent change[1]				
	Group code	Item code		Apr. to May	May to June[p]	June to July[p]	July to Aug.[p]	Aug. to Sept.[p]
Final Demand								
Final demand..................................	FD	4	2.2	-0.3	0.0	0.6	0.7	0.5
Final demand goods...........................	FD	41	0.8	-1.5	0.0	0.3	2.0	0.9
Final demand foods[2]......................	FD	411	-1.2	-1.0	-0.2	0.4	-0.5	0.9
Fresh fruits and melons[2].............	01	11	-2.6	-2.5	2.1	-10.2	4.7	0.2
Fresh and dry vegetables[2]...........	01	13	-27.6	-15.8	-0.8	3.5	-11.5	-13.9
Grains..................................	01	2	-32.5	-5.5	1.9	-8.7	-2.7	-5.6
Eggs for fresh use[2]..................	01	7107	-41.4	-53.4	33.8	0.3	9.8	8.1
Oilseeds...............................	01	8301	-12.7	-1.2	-6.9	9.0	-4.3	4.2
Bakery products[2].....................	02	11	5.0	0.3	0.4	-0.1	0.2	1.0
Milled rice[2]..........................	02	13	3.5	-0.8	-0.1	-0.4	-0.9	-2.2
Pasta products[2]......................	02	1402	0.6	0.0	0.0	-2.0	0.0	0.0
Beef and veal..........................	02	2101	21.6	7.7	2.1	3.0	-4.6	2.9
Pork...................................	02	2104	0.2	-4.1	-0.4	10.7	1.0	2.4
Processed young chickens..............	02	2203	-9.9	-1.9	-0.1	-1.6	0.6	10.8
Processed turkeys[2]...................	02	2206	-37.7	-8.9	-7.4	-3.0	-3.2	-2.5
Finfish and shellfish..................	02	23	-5.8	1.1	-1.9	0.6	-0.9	-1.6
Dairy products........................	02	3	-7.1	-1.3	-2.2	-1.4	2.3	1.3
Processed fruits and vegetables[2]....	02	4	12.3	1.3	1.0	0.3	0.6	2.6
Confectionery end products[2].........	02	55	2.6	0.4	0.7	1.3	-1.1	0.4
Soft drinks[2].........................	02	62	4.8	2.6	0.7	-1.8	0.9	-0.8
Roasted coffee[2]......................	02	6301	0.4	0.2	-0.1	0.0	7.5	0.1
Shortening and cooking oils[2]........	02	78	-12.6	-2.1	-0.7	3.2	-0.3	-1.1
Frozen specialty food[2]..............	02	85	3.3	1.0	-0.5	-0.1	0.2	-0.4
Final demand energy...................	FD	412	-1.0	-6.9	0.8	0.8	10.3	3.3
Liquefied petroleum gas[2]............	05	32	-25.8	-17.4	-6.1	25.4	6.3	8.0
Residential electric power............	05	41	5.4	0.4	0.9	-0.1	-0.1	0.8
Residential natural gas...............	05	51	-14.6	-1.3	-0.7	1.7	-1.1	-0.2
Gasoline..............................	05	71	6.3	-13.6	3.1	0.3	19.3	5.4

資料來源：美國勞工統計局

4-4 消費者物價指數：研判通膨變化的指標

消費者物價指數（Consumer Price Index, CPI）也稱為物價指數，是各國政府用來觀察通貨膨脹的重要數據。美國勞工統計局（BLS）每個月會公布美國消費者物價指數，並且利用調查家庭消費情況進行統計，是用來衡量物價通膨及緊縮變化的指標，並成為政府制訂財政政策和中央銀行（美國為聯準會）制訂貨幣政策時的參考依據。

而美國消費者物價指數的變化會影響美國及其他國家貨幣政策。例如當美國今年的 CPI 高於去年時，便稱美國目前通貨膨脹；如果美國 CPI 較去年下降的話，就稱為通貨緊縮。美國近年來不斷通膨，聯準會於是透過升息來對抗通膨。

美國經濟發展至今，共計調查 80,000 種以上的品項，分別屬於 200 多個消費產品與服務類別，並歸類在八大群組之下，分別是：食品、住屋、服飾、交通運輸、醫療保健、娛樂消遣、教育和通訊及其他，其 CPI 指數的變化率及計算分別說明如下：

CPI 年增率：今年與去年同月物價指數相比變化率
假設去年 11 月的 CPI 指數為 100，今年 11 月 CPI 指數為 110，那 CPI 年增率為（110-100）／100＝10%

CPI 季增率：今年本季與今年上季物價指數相比變化率
假設今年第三季的 CPI 指數為 100，今年第二季 CPI 指數為 105，那 CPI 季增率為（105-100）／100＝5%

CPI 月增率：今年本月與今年上月物價指數相比變化率
假設今年 11 月的 CPI 指數為 100，今年 10 月 CPI 指數為 103，那 CPI 月增率為（103-100）／100＝3%

　　從美國勞工統計局選取 CPI 選項，點選 CHARTS（圖形），及點選 SHOW TABLE 可以看到美國歷年來消費者物價指數的資料。

圖 4-4-1　美國各年份消費者物價指數

12-month percentage change, Consumer Price Index, selected categories, not seasonally adjusted

Month	All items	Food	Food at home	Food away from home	Energy	Gasoline (all types)	Electricity	Natural gas (piped)	All items less food and energy	Commodities less food and energy commodities	Apparel	New vehicles	Medical care commodities	Services less energy services	Shelter	Medical care services	Education and communication
Oct 2003	2.0%	2.9%	3.7%	2.1%	8.8%	9.8%	3.2%	20.4%	1.3%	-2.4%	-1.6%	-2.2%	2.5%	2.9%	2.4%	4.0%	1.4%
Nov 2003	1.8%	3.2%	3.9%	2.2%	6.2%	5.5%	2.7%	16.4%	1.1%	-2.6%	-1.9%	-2.1%	1.9%	2.6%	2.2%	4.1%	1.4%
Dec 2003	1.9%	3.6%	4.5%	2.3%	6.9%	6.8%	2.6%	17.4%	1.1%	-2.5%	-2.1%	-1.8%	2.1%	2.6%	2.2%	4.2%	1.6%
Jan 2004	1.9%	3.5%	4.1%	2.8%	7.8%	8.3%	3.1%	17.0%	1.1%	-2.3%	-1.9%	-1.2%	2.0%	2.5%	2.0%	4.3%	1.3%
Feb 2004	1.7%	3.3%	3.6%	2.7%	3.8%	2.0%	3.2%	13.1%	1.2%	-2.0%	-1.7%	-0.6%	2.4%	2.5%	2.1%	4.7%	1.4%
Mar 2004	1.7%	3.2%	3.7%	2.7%	0.4%	1.6%	1.6%	-3.2%	1.6%	-1.6%	-0.1%	-0.1%	2.3%	2.9%	2.5%	5.2%	1.6%
Apr 2004	2.3%	3.4%	3.8%	2.8%	5.6%	11.0%	0.9%	0.7%	1.8%	-1.4%	0.3%	-0.8%	2.6%	3.1%	3.0%	5.3%	1.7%
May 2004	3.1%	4.1%	4.9%	2.9%	15.0%	30.0%	0.6%	3.9%	1.7%	-1.1%	0.7%	-0.5%	2.8%	2.9%	2.8%	5.1%	1.8%
June 2004	3.3%	3.7%	4.4%	2.8%	17.0%	33.4%	1.9%	5.5%	1.9%	-1.0%	0.5%	-0.1%	2.9%	3.0%	2.9%	5.2%	2.1%
July 2004	3.0%	4.0%	4.6%	3.0%	14.3%	26.5%	2.0%	7.1%	1.8%	-1.2%	-0.3%	-0.6%	2.4%	3.0%	2.9%	5.2%	1.8%
Aug 2004	2.7%	3.5%	3.9%	3.2%	10.5%	16.5%	2.2%	9.4%	1.7%	-1.1%	-0.6%	-1.4%	2.2%	2.9%	2.8%	5.2%	1.5%
Sept 2004	2.5%	3.3%	3.3%	3.3%	6.7%	9.6%	1.6%	6.2%	2.0%	-0.6%	-0.7%	-1.1%	2.3%	3.0%	3.0%	5.0%	1.8%
Oct 2004	3.2%	3.4%	3.5%	3.3%	15.2%	26.6%	0.9%	8.0%	2.0%	0.1%	-0.6%	-0.4%	2.6%	2.8%	2.7%	5.1%	1.4%
Nov 2004	3.5%	3.2%	3.1%	3.2%	19.2%	30.9%	2.3%	17.1%	2.2%	0.5%	-0.1%	-0.3%	2.7%	2.8%	2.7%	5.0%	1.7%
Jan 2023	6.4%	10.1%	11.3%	8.2%	8.7%	1.5%	11.9%	26.7%	5.6%	1.4%	3.1%	5.8%	3.4%	7.2%	7.9%	3.0%	1.0%
Feb 2023	6.0%	9.5%	10.2%	8.4%	5.2%	-2.0%	12.9%	14.3%	5.5%	1.0%	3.3%	5.8%	3.2%	7.3%	8.1%	2.1%	1.0%
Mar 2023	5.0%	8.5%	8.4%	8.8%	-6.4%	-17.4%	10.2%	5.5%	5.6%	1.5%	3.3%	6.1%	3.6%	7.1%	8.2%	1.0%	1.4%
Apr 2023	4.9%	7.7%	7.1%	8.6%	-5.1%	-12.2%	8.4%	-2.1%	5.5%	2.0%	3.6%	5.4%	4.0%	6.8%	8.1%	0.4%	1.6%
May 2023	4.0%	6.7%	5.8%	8.3%	-11.7%	-19.7%	5.9%	-11.0%	5.3%	2.0%	3.5%	4.7%	4.4%	6.6%	8.0%	-0.1%	1.5%
June 2023	3.0%	5.7%	4.7%	7.7%	-16.7%	-26.5%	5.4%	-18.6%	4.8%	1.3%	3.1%	4.1%	4.2%	6.2%	7.8%	-0.8%	1.1%
July 2023	3.2%	4.9%	3.6%	7.1%	-12.5%	-19.9%	3.0%	-13.7%	4.7%	0.8%	3.2%	3.5%	4.1%	6.1%	7.7%	-1.5%	1.2%
Aug 2023	3.7%	4.3%	3.0%	6.5%	-3.6%	-3.3%	2.1%	-16.5%	4.3%	0.2%	3.1%	2.9%	4.5%	5.9%	7.3%	-2.1%	1.0%
Sept 2023	3.7%	3.7%	2.4%	6.0%	-0.5%	3.0%	2.6%	-19.9%	4.1%	0.0%	2.3%	2.5%	4.2%	5.7%	7.2%	-2.6%	1.0%
Oct 2023	3.2%	3.3%	2.1%	5.4%	-4.5%	-5.3%	2.4%	-15.8%	4.0%	0.1%	2.6%	1.9%	4.7%	5.5%	6.7%	-2.0%	0.9%

資料來源：美國勞工統計局

美國消費者物價指數權重及調整

　　美國消費者物價指數包含了許多項目，由於不同項目的權重是根據消費者消費結構產生的，且這些權重通常是由美國勞工統計局定期調查及更新，以反映美國消費物價的變化。

　　原本美國勞工統計局計算消費者物價指數權重是兩年為一個循環，最新規定變更為一年調整一次。例如美國勞工統計局在 2021 年（參考表 4-4-1）算好 2019 與 2020 年（兩年觀察後調整）的消費權重，做為美國勞工統計局之後消費者物價指數計算依據，而此次結果用於 2022 與 2023 年的

CPI 計算。但是最新的規定中,則變更為一年計算一次,其權重更新後計算結果如下。

　　本次權重調整最明顯的變化就是房屋權重上調幅度最大,從 42.4% 上調至 44.4%,增減比例最高（2%）;下調權重比例最高為交通運輸,從 18.1% 下調權重至 16.7%（-1.4%）;食品權重從 14.3% 上升至 14.4%。其房屋 CPI 權重上升,主要因為租金（包括業主自住等值租金）比重由 33% 上調至 34.4%,所以美國住房租金是美國通膨主因。

表 4-4-1　美國消費者物價指數權重及調整

項目	2021 年	2023 年	增減比例（%）
食品	14.3%	14.4%	+0.1%
住屋	42.4%	44.4%	+2%
服飾	2.5%	2.5%	不變
交通運輸	18.1%	16.7%	-1.4%
醫療保健	8.5%	8.1%	-0.4%
娛樂消遣	5.1%	5.4%	+0.3%
教育和通訊	6.4%	5.8%	-0.6%
其他服務	2.8%	2.7%	-0.1%

註:住房租金（Rent of Shelter）組成部分包括業主等價租金（Owners' Equivalent Rent of Residences,OER）及主要居所租金（Rent of primary residence）。

資料來源:美國勞工統計局、作者整理

　　將美國勞工統計局 2023 年 10 月消費者物價指數細項權重下載如表 4-4-2,並說明如表 4-4-3,讓讀者更了解美國消費者物價指數細分項目及權重占比。

表 4-4-2 美國勞工統計局 10 月消費者物價指數細項

October 2023
[1982-84=100, unless otherwise noted]

Expenditure category	Relative impor-tance Sep. 2023	Unadjusted indexes			Unadjusted percent change		Seasonally adjusted percent change		
		Oct. 2022	Sep. 2023	Oct. 2023	Oct. 2022-Oct. 2023	Sep. 2023-Oct. 2023	Jul. 2023-Aug. 2023	Aug. 2023-Sep. 2023	Sep. 2023-Oct. 2023
All items	100.000	298.012	307.789	307.671	3.2	0.0	0.6	0.4	0.0
Food	13.372	315.323	324.704	325.731	3.3	0.3	0.2	0.2	0.3
Food at home	8.552	298.401	303.925	304.788	2.1	0.3	0.2	0.1	0.3
Cereals and bakery products	1.157	341.492	355.576	355.752	4.2	0.0	0.5	-0.4	0.2
Meats, poultry, fish, and eggs	1.780	321.271	320.140	322.536	0.4	0.7	0.8	0.5	0.7
Dairy and related products	0.780	269.355	268.377	268.326	-0.4	0.0	-0.4	0.1	0.3
Fruits and vegetables	1.466	348.021	351.020	351.952	1.1	0.3	-0.2	0.0	0.0
Nonalcoholic beverages and beverage materials	1.033	210.121	216.736	216.952	3.3	0.1	-0.2	0.0	-0.1
Other food at home	2.337	262.814	271.561	272.215	3.6	0.2	0.2	0.3	0.3
Food away from home[1]	4.820	340.532	357.488	358.824	5.4	0.4	0.3	0.4	0.4
Energy	7.185	300.359	296.004	286.754	-4.5	-3.1	5.6	1.5	-2.5
Energy commodities	3.915	351.065	346.212	329.191	-6.2	-4.9	10.5	2.3	-4.9
Fuel oil[1]	0.136	543.915	431.201	427.572	-21.4	-0.8	9.1	8.5	-0.8
Motor fuel	3.722	341.954	340.600	322.975	-5.6	-5.2	10.7	2.2	-4.9
Gasoline (all types)	3.628	339.017	338.893	320.999	-5.3	-5.3	10.6	2.1	-5.0
Energy services	3.270	264.188	260.791	258.236	-2.3	-1.0	0.2	0.6	0.5
Electricity	2.562	262.100	272.401	268.342	2.4	-1.5	0.2	1.3	0.3
Utility (piped) gas service	0.709	264.774	221.045	222.955	-15.8	0.9	0.1	-1.9	1.2
All items less food and energy	79.443	299.315	310.817	311.380	4.0	0.2	0.3	0.3	0.2
Commodities less food and energy commodities	20.954	166.601	167.141	166.759	0.1	-0.2	-0.1	-0.4	-0.1
Apparel	2.555	129.414	133.157	132.786	2.6	-0.3	0.2	-0.8	0.1
New vehicles	4.237	176.157	179.750	179.446	1.9	-0.2	0.3	0.3	-0.1
Used cars and trucks	2.556	199.176	187.587	184.961	-7.1	-1.4	-1.2	-2.5	-0.8
Medical care commodities[1]	1.458	390.614	407.250	408.965	4.7	0.4	0.6	-0.3	0.4
Alcoholic beverages	0.834	278.009	287.496	288.303	3.7	0.3	0.0	0.8	0.2
Tobacco and smoking products[1]	0.498	1,371.864	1,443.712	1,471.019	7.2	1.9	0.6	0.2	1.9
Services less energy services	58.489	381.580	401.234	402.549	5.5	0.3	0.4	0.6	0.3
Shelter	34.863	362.093	385.433	386.435	6.7	0.3	0.3	0.6	0.3
Rent of primary residence	7.614	379.436	404.487	406.683	7.2	0.5	0.5	0.5	0.5
Owners' equivalent rent of residences[2]	25.696	371.450	395.039	396.881	6.8	0.5	0.4	0.6	0.4
Medical care services	6.324	606.839	593.777	594.974	-2.0	0.2	0.1	0.3	0.3
Physicians' services[1]	1.782	414.897	413.966	409.755	-1.2	-1.0	0.1	0.0	-1.0
Hospital services[1, 3]	1.941		397.531	401.752		1.1	0.7	1.5	1.1
Transportation services	5.966	373.098	402.021	407.526	9.2	1.4	2.0	0.7	0.8
Motor vehicle maintenance and repair[1]	1.138	358.597	392.222	392.861	9.6	0.2	1.1	0.2	0.2
Motor vehicle insurance	2.770	637.103	742.292	759.704	19.2	2.3	2.4	1.3	1.9
Airline fares	0.519	294.340	246.151	255.480	-13.2	3.8	4.9	0.3	-0.9

資料來源：美國勞工統計局

表 4-4-3 美國勞工統計局消費者物價指數細項

項目（食品、能源）	20.557%（1+2）
食品	13.372%（1）
家庭餐飲	8.552%
外食	4.820%
能源	7.185%（2）
能源商品	3.915%
燃油	0.136%
汽油	3.722%
能源服務	3.270%
電力	2.562%
都市瓦斯	0.709%
所有項目（食物及能源除外）	79.443%
排除食品及能源相關商品	20.954%
服飾	2.555%
新車	4.237%
二手車	2.556%
醫療用品	1.458%
酒精飲料	0.834%
香菸及香菸相關產品	0.498%
服務（能源服務除外）	58.489%
房屋（住宅）	34.863%
主要住宅租金	7.614%
屋主等值租金	25.696%
醫療服務	6.324%
醫師診療	1.782%
醫院服務	1.941%
運輸服務	5.966%
汽車保養及維修	1.138%
汽車保險	2.770%
航空交通費用	0.519%

資料來源：美國勞工統計局、作者整理

　　美國消費者物價指數權重新車及二手車銷售占比約 7%～8%，由於汽車為美國大宗耐久財消費商品，且權重占比不低，可以做為觀察通膨預期的重要項目。讀者可從表 4-4-3 及表 4-4-4 發現二手車物價指數之年增率及月增率是向下趨勢（庫存太多），但新車卻是向上趨勢（新車銷售量增加所致）。

表 4-4-3 美國新車及二手車物價指數之月增率及年增率

項目	2023/4 月增	2023/5 月增	2023/6 月增	2023/7 月增	2023/8 月增	2023/9 月增	2023/10 月增	2023/10 年增
新車	-0.2%	-0.1%	0.0%	-0.1%	0.3%	0.3%	-0.1%	1.9%
二手車	4.4%	4.4%	-0.5%	-1.3%	-1.2%	-2.5%	-0.8%	-7.1%

資料來源：美國勞工統計局、作者整理

表 4-4-4 美國二手車物價指數之年增率

項目	2023/3 年增	2023/4 年增	2023/5 年增	2023/6 年增	2023/7 年增	2023/8 年增	2023/09 年增	2023/10 年增
二手車	-11.2%	-6.6%	-4.2%	-5.2%	-5.6%	-6.6%	-8.0%	-7.1%

資料來源：美國勞工統計局、作者整理

　　而消費者物價指數房屋項目中，房租的兩大項目為：主要住宅租金、所有權人約當租金（Owners' equivalent rent, OER）。主要住宅租金的定義較直觀，即指民眾在市場上租房的花費，占比約消費者物價指數的 7%～8%；而所有權人約當租金則是指房屋擁有者將自有住宅於市場上出租所獲得的預期租金，其計算方法是將購屋一次性成本，以租金方式分攤換算成消費者物價指數，占比約 23%～24% 。由於所有權人約當租金權重占比較高，一直以來都是美國消費者物價指數數據的重點觀察細項。

表 4-4-5 主要住宅租金及所有權人約當租金比較

	主要住宅租金	所有權人約當租金
定義	承租人的租金費用	出租人的租金收入
說明	房客在市場上租房的花費	房屋擁有者將自有住宅於市場上出租所獲得的預期租金
占 CPI 比例	約占（7.6%）依據美國 2023／10 勞工統計局資料	約占（25.7%）依據美國 2023／10 勞工統計局資料
經濟指標	房價領先房租 12 期	房價領先房租 12 期
聯準會重視程度	權數低，次要重視	權數高，較重視

資料來源：美國勞工統計局、作者整理

美國市場上在簽訂房租合約時，通常會一次性簽訂大約 6～12 個月合約，因此美國不動產的房價上升後，移轉至消費者會有落後現象。根據表 4-4-6 和圖 4-4-3 可以發現，房價領先租金合約至少 1 年，美國房價指數年增率在 2022 年 7 月為 15.62％，但經過 1 年後 2023 年 7 月年增率為 0.95％，年增率開始向下遞減。同樣經過 1 年後，美國主要住宅租金及所有權人約當租金的年增率也向下遞減。

上述資料顯示，美國房價指數、主要住宅租金及所有權人約當租金年增率開始趨勢向下，表示美國的通膨已經開始降低，因此可以推論美國聯準會應該不會再升息；而且在勞動市場也開始衰退，所以美國 2024 年有機會開始降息，以提振美國經濟。

表 4-4-6　美國房價指數、主要住宅租金及所有權人約當租金之年增率

日期	房價指數	主要住宅租金	所有權人約當租金
2022／7	15.62％	6.31％	5.83％
2022／8	12.98％	6.74％	6.29％
2022／9	10.72％	7.20％	6.68％
2022／10	9.19％	7.52％	6.88％
2022／11	7.60％	7.91％	7.13％
2022／12	5.71％	8.36％	7.53％
2023／1	3.88％	8.56％	7.76％
2023／2	2.19％	8.76％	8.01％
2023／3	0.74％	8.81％	8.04％
2023／4	-0.12％	8.80％	8.12％
2023／5	-0.39％	8.66％	8.05％
2023／6	-0.04％	8.33％	7.81％
2023／7	0.95％	8.03％	7.66％
2023／8	2.55％	7.76％	7.32％
2023／9	3.95％	7.41％	7.08％

資料來源：美國勞工統計局、作者整理

圖 4-4-3　美國主要住宅租金、所有權人約當租金及房價指數的走勢

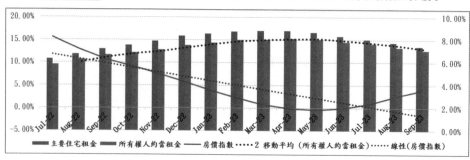

資料來源：美國勞工統計局、作者整理

4-5 核心消費者物價指數：精準反映通膨趨勢

核心消費物價指數是指將受季節影響較大的類別（食物類、能源類）去除後的消費者物價指數，以更準確地反映通貨膨脹的趨勢。大多數國家都是以核心消費者物價指數做為優先的參考指標。

圖 4-5-1 為美國勞工統計局公布消費者物價指數月增率，其整體趨勢向下（2023 年 10 月之月增率為 0%），圖 4-5-2 之消費者物價指數年增率及核心消費者物價指數年增率整體趨勢向下。

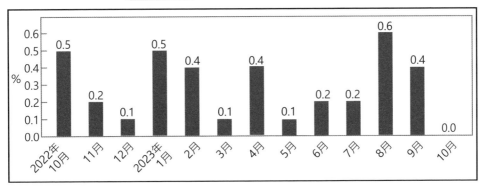

圖 4-5-1 美國消費者物價指數月增率

資料來源：美國勞工統計局、作者整理

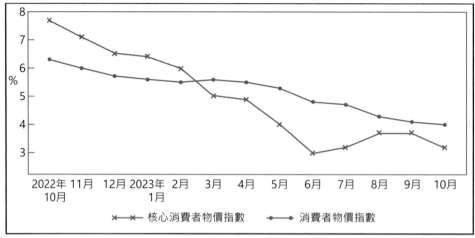

圖 **4-5-2** 美國消費者物價指數之年增率

資料來源：美國勞工統計局、作者整理

以美國勞工統計局 2023 年 11 月 15 日更新數據為例，2023 年 10 月消費者物價指數年增率為 3.2%（參考表 4-5-1），低於市場預期的 3.3% 和前值 3.7%（2023 年 9 月）；2023 年 10 月消費者物價指數月增率為 0%（參考表 4-5-2），低於市場預期的 0.1% 和前值 0.4%（2023 年 9 月）。

另外，美國 2023 年 10 月核心消費者物價指數年增率為 4%，低於市場預期，前期為 4.1%（2023 年 9 月），為 2021 年 9 月以來增幅最低。美國核心消費者物價指數 10 月月增率為 0.2%，低於市場預期及前值 0.3%（2023 年 9 月）。核心消費者物價指數按照未來向下趨勢來看（參考圖 4-5-3），年增率將下降至 4% 以下，月增率也將下降至 0.2% 以下，甚至下跌至 0。

表 4-5-1 美國 2022／07 ～ 2023／10 消費者物價及核心消費者物價指數年增率

時間	消費者物價指數年增率	核心消費者物價指數年增率
2022／07	8.5％	5.9％
2022／08	8.3％	6.3％
2022／09	8.2％	6.6％
2022／10	7.7％	6.3％
2022／11	7.1％	6.0％
2022／12	6.5％	5.7％
2023／01	6.4％	5.6％
2023／02	6.0％	5.5％
2023／03	5.0％	5.6％
2023／04	4.9％	5.5％
2023／05	4.0％	5.3％
2023／06	3.0％	4.9％
2023／07	3.2％	4.7％
2023／08	3.7％	4.4％
2023／09	3.7％	4.1％
2023／10	3.2％	4.0％

資料來源：美國勞工統計局、作者整理

表 4-5-2 美國 2022/11 ～ 2023/10 消費者物價及核心消費者物價指數月增率

時間	消費者物價指數月增率	核心消費者物價指數月增率
2022／11	0.1％	0.2％
2022／12	0.1％	0.3％
2023／01	0.5％	0.4％
2023／02	0.4％	0.5％
2023／03	0.1％	0.4％
2023／04	0.4％	0.4％
2023／05	0.1％	0.4％
2023／06	0.2％	0.2％
2023／07	0.2％	0.2％
2023／08	0.6％	0.3％
2023／09	0.4％	0.3％
2023／10	0.0％	0.2％

資料來源：美國勞工統計局、作者整理

圖 4-5-3 美國 2022／7 ～ 2023／10 消費者物價及核心消費者物價指數

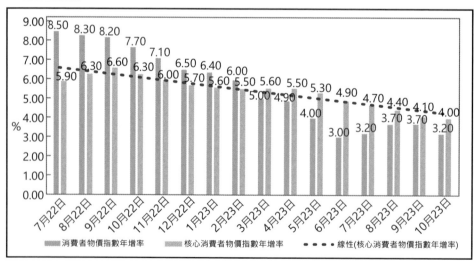

資料來源：美國勞工統計局、作者整理

圖 4-5-4 顯示，美國 2022／7～2023／10 消費者物價指數及核心消費者物價指數月增率數據及核心消費者物價指數月增率線性分析，都是呈現向下的**趨勢**，未來美國通膨將開始收斂向下，聯準會將停止升息，最快在 2024 年第 2 季開始降息。

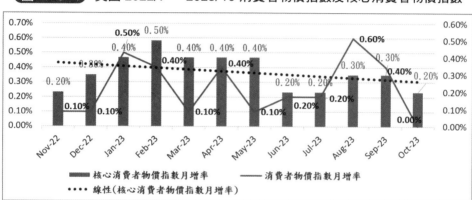

圖 4-5-4 美國 2022/7 ～ 2023/10 消費者物價指數及核心消費者物價指數

資料來源：美國勞工統計局、作者整理

4-6 個人消費支出物價指數：包含個人、家庭與企業的全方位資訊

美國聯準會在決定升息或降息時，除了參考消費者物價指數（CPI）外，個人消費支出指數（PCE）也是一項重要的參考依據。個人消費支出指數是每個月由美國經濟分析局（BEA）公布的數據，主要是用來衡量一段時間內個人的消費支出，包含家庭和企業的實際支出以和可能支出（如保險公司的理賠）。

由於個人消費支出指數不僅針對消費者進行調查，也包含企業，因此美國聯準會在衡量美國的通貨膨脹時，會偏好參考個人消費支出指數。有關的消費數據，說明如下：

1. 耐久財：長期使用的物品，例如汽車及家具等（圖 4-6-1）。

2. 非耐久財：短期使用的物品，例如食品及飲料、服裝等（圖 4-6-2）。

3. 服務：例如醫療保健（圖 4-6-3）、交通設備、娛樂、金融服務和保險等。

圖 4-6-1 美國 PCE 項目中耐久財的組成

Line in NIPA table group 2.4	Component	Table 5.A—Summary of Methodology Used to Prepare Estimates of PCE for Goods				Quantity and price estimates (Quantity estimate prepared by deflating with price index unless otherwise indicated)
		Benchmark year	Current-dollar estimates			
			Indicator series used to interpolate and extrapolate*			
			Nonbenchmark years except the most recent year	Most recent year	Current quarterly estimates**	
2	**Goods:**					
3	**Durable goods:**	耐久財/汽車(1)				
4	Motor vehicles and parts:					
5	New motor vehicles [For more detail, see the technical note "Special Estimates."]	Based on unit data from Wards Intelligence and registration data from IHS-Polk and average price data from J.D. Power and Associates.	Same as for benchmark year.	Same as for benchmark year.	Same as for benchmark year.	CPI for new cars and CPI for new trucks.
6	Net purchases of used motor vehicles [For more detail, see the technical note "Special Estimates."]	Dealers' margins: retail sales from EC and margin rate from ARTS. Net transactions: commodity-flow method, starting with manufacturers' shipments from EC.	Dealers' margins: extrapolation based on Census gross margins for used vehicle dealers and wholesale margins for motor vehicle and motor vehicle parts and supplies, except MSBOs. Net transactions: quantities based on vehicles in operation data from IHS-Polk and average prices based on National Automobile Dealers Association (NADA).	Dealers' margins: extrapolation based on retail sales of used vehicle dealers from MRTS. Net transactions: same as for nonbenchmark year.	Dealers' margins: same as for most recent year. Net transactions: extrapolation based on retail sales of used vehicle dealers from MRTS.	CPI for used cars and trucks.
7	Motor vehicle parts and accessories	Commodity-flow method, starting with manufacturers' shipments from EC.	Retail control method, using retail sales from ARTS.	Retail control method, using retail sales from MRTS.	Same as for most recent year.	CPI for tires and CPI for vehicle parts and equipment other than tires.
8	Furnishings and durable household equipment:	耐久財/家具及耐久的家用設備(2)				

資料來源：美國經濟分析局

圖 4-6-2 美國 PCE 項目（非耐久財）的組成

Table 5.A—Summary of Methodology Used to Prepare Estimates of PCE for Goods						
Line in NIPA table group 2.4	Component	Current-dollar estimates				Quantity and price estimates (Quantity estimate prepared by deflating with price index unless otherwise indicated)
		Benchmark year	Indicator series used to interpolate and extrapolate*			
			Nonbenchmark years except the most recent year	Most recent year	Current quarterly estimates**	
23	Luggage and similar personal items	Commodity-flow method, starting with manufacturers' shipments from EC.	Retail control method, using retail sales from ARTS.	Retail control method, using retail sales from MRTS.	Same as for most recent year.	CPI for miscellaneous personal goods.
24	Telephone and related communication equipment	Commodity-flow method, starting with manufacturers' shipments from EC.	Retail control method, using retail sales from ARTS. Composition of goods sold partly based on scanner data from NPD group.	Retail control method, using retail sales from MRTS.	Same as for most recent year.	CPI for telephone hardware, calculators, and other consumer information items.
25	**Nondurable goods:**					
26	Food and beverages purchased for off-premises consumption:					
27	Food and nonalcoholic beverages purchased for off-premises consumption	Commodity-flow method, starting with manufacturers' shipments from EC.	Retail control method, using retail sales from ARTS. Composition of goods sold largely based on scanner data from Information Resources, Inc. and from Fresh Look Marketing Group.	Retail control method, using retail sales from MRTS.	Same as for most recent year.	Detailed price components of the CPI for food at home.
28	Alcoholic beverages purchased for off-premises consumption	Commodity-flow method, starting with manufacturers' shipments from EC.	Retail control method, using retail sales from ARTS. Composition of goods sold partly based on scanner data from Information Resources, Inc.	Retail control method, using retail sales from MRTS.	Same as for most recent year.	CPI for distilled spirits at home, CPI for wine at home, and CPI for beer, ale, and other malt beverages at home.
29	Food produced and consumed on farms	Data from U.S. Department of Agriculture (USDA).	Same as for benchmark year.	Same as for benchmark year.	Judgmental trend.	BEA composite index of USDA prices received by farmers.
30	Clothing and footwear:					
31	Garments:					
32	Women's and girls' clothing	Commodity-flow method, starting with manufacturers' shipments from EC.	Retail control method, using retail sales from ARTS. Composition of goods sold	Retail control method, using retail sales from MRTS.	Same as for most recent year.	CPI for women's and girls' apparel.

非耐久財/食品和飲料(4)

非耐久財/服裝及鞋子(5)

資料來源:美國經濟分析局

圖 4-6-3 美國 PCE 項目（服務）的組成

Line in NIPA table group 2.4	Component	Current-dollar estimates			Quantity and price estimates (Quantity estimate prepared by deflating with price index unless otherwise indicated)
		Benchmark year	Indicator series used to interpolate and extrapolate*		
			Nonbenchmark years	Current quarterly estimates	
				BEA from a billing to a usage basis.	
60	Health care:		服務/醫療保健(2)		
61	Outpatient services:				
62	Physician services	Commodity-flow method, starting with receipts from EC.	SAS receipts data, except for most recent year; most recent year based on current quarterly estimates.	For second and third estimates, QSS receipts data; for advance estimate, judgmental trend.	PPI for offices of physicians.
63	Dental services	Commodity-flow method, starting with receipts from EC.	SAS receipts data, except for most recent year; most recent year based on current quarterly estimates.	For third estimate, QSS receipts data; for second and advance estimates, American Dental Association patient volume data.	CPI for dental services.
64	Paramedical services	Commodity-flow method, starting with receipts from EC.	SAS receipts data, except for most recent year; most recent year based on current quarterly estimates.	For second and third estimates, QSS receipts data; for advance estimates, CES data on employment, hours, and earnings, and trade source volume data.	Home health care: PPI for home health care services. Medical laboratories: PPI for medical laboratories and PPI for diagnostic imaging centers. Specialty outpatient care facilities and health and allied services, and all other professional medical services: CPI for services by other medical professionals.
65	Hospitals and nursing home services:				
66	Hospitals	Private: commodity-flow method, starting with receipts from EC. Government: commodity-flow	Private: SAS receipts data, except for most recent year; most recent year based on current	Private: for second and third estimates, QSS receipts data; for advance estimates, CES	PPI for hospitals.

Table 5.B—Summary of Methodology Used to Prepare Estimates of PCE for Services

資料來源：美國經濟分析局

表 4-6-1 個人消費支出指數和消費者物價指數比較

項目	個人消費支出指數（PCE）	消費者物價指數（CPI）
公布機構	美國經濟分析局（BEA）	美國勞工統計局（BLS）
調查範圍	企業調查 消費者調查	消費者調查
涵蓋範圍	購買商品或服務的自付費用＋其他未自付的費用（如保險公司支付的理賠）	購買商品或服務的自付費用
商品服務權重調整	動態調整	固定調整
項目分類	六大項目	八大項目
權重調整時間	細項每個月動態調整	每年調整（先前每兩年調整）
編制方式	費雪指數	拉氏指數
公布時間	每月最後一個周五	每月第三周

資料來源：美國經濟分析局、作者整理

美國個人消費支出物價權重及調整

　　美國個人消費支出物價共有六個主要大項目，由於美國經濟分析局不公布個人消費支出指數細項的權重，只能用個人消費支出各分項的比例暫代權重，下表為個人消費支出指數六大項分別的占比。

　　另外，個人消費支出指數各項目權重每月會隨民眾消費習慣進行調整，例如當某一商品變貴時，消費者可能轉而購買其他商品取代，因此美國個人消費支出指數就會動態將其權重調降。2023 年美國消費者指數住屋項目接近 40％，但個人消費支出指數因各項權重較為平均，住屋比例為22.6％，所以美國個人消費支出物價比較不會受到單一項目價格波動影響。

表 4-6-2 　美國個人消費支出物價各項目的權重

項目	比例
食品和飲料	13.9%
住屋	22.6%
交通運輸	9.8%
醫療保健	22.3%
娛樂服務	8.2%
其他	23.1%

資料來源：美國經濟分析局、作者整理

　　將個人消費支出指數分類及權重整理如下表，美國個人消費支出指數主要分為商品（35％）及服務（65％）兩類，商品又分為耐久財（10％～15％）及非耐久財（20％～25）兩類，本文後續將會針對個人消費支出指數細部分類及權重說明。

　　先前已經從美國商務部經濟分析局中，將美國個人消費支出物價指數

的分類及權重細項說明如上，但為了讓讀者更清楚及深入了解，我們可以參考美國 2020 年第三季 PCE 權重（參考圖 4-6-3 與表 4-6-3）。

圖 4-6-3 美國個人消費支出物價指數的分類及權重說明

Line in NIPA table group 2.4	Component	Current-dollar estimates				Quantity and price estimates (Quantity estimate prepared by deflating with price index unless otherwise indicated)
		Benchmark year	Indicator series used to interpolate and extrapolate*			
			Nonbenchmark years except the most recent year	Most recent year	Current quarterly estimates**	
2	Goods:					
3	Durable goods:					
4	Motor vehicles and parts:					
5	New motor vehicles [For more detail, see the technical note "Special Estimates."]	Based on unit data from Wards Intelligence and registration data from IHS-Polk and average price data from J.D. Power and Associates.	Same as for benchmark year.	Same as for benchmark year.	Same as for benchmark year.	CPI for new cars and CPI for new trucks.
6	Net purchases of used motor vehicles [For more detail, see the technical note "Special Estimates."]	Dealers' margins: retail sales from EC and margin rate from ARTS. Net transactions: commodity-flow method, starting with manufacturers' shipments from EC.	Dealers' margins: extrapolation based on Census gross margins for used vehicle dealers and wholesale margins for motor vehicle parts and supplies, except MSBOs. Net transactions: quantities based on vehicles in operation data from IHS-Polk and average prices based on National Automobile Dealers Association (NADA).	Dealers' margins: extrapolation based on retail sales of used vehicle dealers from MRTS. Net transactions: same as for nonbenchmark year.	Dealers' margins: same as for most recent year. Net transactions: extrapolation based on retail sales of used vehicle dealers from MRTS.	CPI for used cars and trucks.
7	Motor vehicle parts and accessories	Commodity-flow method, starting with manufacturers' shipments from EC.	Retail control method, using retail sales from ARTS.	Retail control method, using retail sales from MRTS.	Same as for most recent year.	CPI for tires and CPI for vehicle parts and equipment other than tires.
8	Furnishings and durable household equipment:					

Table 5.A—Summary of Methodology Used to Prepare Estimates of PCE for Goods

資料來源：美國經濟分析局

表 4-6-3　美國 PCE 物價指數分類及權重說明

商品（33.8%），近35%								服務（66.2%），近65%							最終消費支出
耐久財（12.2%）				非耐久財（21.6%）				家庭消費支出（62.8%）							
汽車機車 4.1%	家具家用 2.8%	休閒車輛 3.7%	其它耐用 1.6%	食品飲料 8%	服裝及鞋子 2.6%	汽油及能源 1.7%	其他非耐用品 1.6%	居住及水電 19.4%	醫療保健 16.5%	交通服務 2.5%	娛樂服務 2.7%	餐廳服務及住宿 5.7%	金融服務和保險 8.4%	其他服務 7.5%	最終消費支出 3.4%

資料來源：美國經濟分析局、作者整理

服務（66.2%）的權重高於商品（33.8%）的權重。

商品非耐用品（21.6%）的權重高於耐用品（12.2%）的權重。

個人消費支出核心物價指數的權重為個人消費支出物價指數減去

食品（8%）及能源（1.7%）後有 90.3% 的權重，所以個人消費支出核心物價指數的權重較能穩定反映美國的通膨。

核心個人消費支出物價指數

核心個人消費支出物價指數（Core PCE Price Index）如同核心消費者價指數，是將原先涵蓋各類商品服務的範圍扣減掉價格波動大的商品（如能源、食物）所製成的通膨指標，其核心概念是排除受環境、季節性等因素影響而暫時價格大幅變動的商品，如此較能代表實際物價通膨的程度。

因此美國核心個人消費支出物價指數更能反映美國通貨膨脹的程度，且聯準會會透過核心個人消費支出物價指數來判斷物價是否穩定，以便決定是否需要調整利率，穩定物價。

表 4-6-4　美國 PCE 和核心 PCE 比較

項目	個人消費支出物價指數	核心個人消費支出物價指數
要素	食品、住屋、交通運輸、醫療保健娛樂消遣及其他	PCE 排除能源、食物
波動度	較大	較小
權重	100％	扣除能源、食物後，權重約 90％

資料來源：美國勞工統計局、經濟分析局、作者整理

　　圖 4-6-4 為美國經濟分析局的網頁，讀者可以點選 Current Release，點選後如圖 4-6-5，該圖提供 2023 年 6 月～10 月及 2022 年 5 月～9 月美國個人消費支出物價指數及核心個人消費支出物價指數年增率及月增率（圖4-6-5～4-6-7），並且也可以深入了解個人消費支出物價指數細項之月增率，以利掌握個人消費支出物價指數的通膨是來自於細項中的何項造成。

圖 4-6-4　美國經濟分析局個人消費支出物價指數

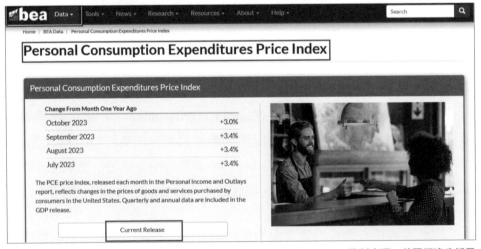

資料來源：美國經濟分析局

圖 4-6-5 個人消費支出物價 2023 ／ 6 ～ 2023 ／ 10 年增及月增率

percent in October and **real PCE** increased 0.2 percent; goods increased 0.1 percent and services increased 0.2 percent (tables 3 and 4).

	2023				
	June	July	Aug.	Sept.	Oct.
	Percent change from preceding month				
Personal income:					
Current dollars	0.2	0.3	0.5	0.4	0.2
Disposable personal income:					
Current dollars	0.1	0.1	0.4	0.4	0.3
Chained (2017) dollars	-0.1	-0.1	0.0	0.0	0.3
Personal consumption expenditures (PCE):					
Current dollars	0.4	0.7	0.4	0.7	0.2
Chained (2017) dollars	0.3	0.6	0.0	0.3	0.2
Price indexes:					
PCE	0.2	0.2	0.4	0.4	0.0
PCE, excluding food and energy	0.2	0.2	0.1	0.3	0.2
Price indexes:	Percent change from month one year ago				
PCE	3.2	3.4	3.4	3.4	3.0
PCE, excluding food and energy	4.3	4.3	3.8	3.7	3.5

資料來源：美國經濟分析局

圖 4-6-6 美國 2022 ／ 5 ～ 2022 ／ 9 的 PCE 及 CPCE 月增率及年增率

	2022				
	May	June	July	Aug.	Sept.
	Percent change from preceding month				
Personal income:					
Current dollars	0.6	0.6	0.4	0.4	0.4
Disposable personal income:					
Current dollars	0.6	0.6	0.4	0.5	0.4
Chained (2012) dollars	0.0	-0.4	0.5	0.2	0.0
Personal consumption expenditures (PCE):					
Current dollars	0.7	1.2	-0.2	0.6	0.6
Chained (2012) dollars	0.1	0.2	-0.1	0.3	0.3
Price indexes:					
PCE	0.6	1.0	-0.1	0.3	0.3
PCE, excluding food and energy	0.4	0.6	0.0	0.5	0.5
Price indexes:	Percent change from month one year ago				
PCE	6.5	7.0	6.4	6.2	6.2
PCE, excluding food and energy	4.9	5.0	4.7	4.9	5.1

資料來源：美國經濟分析局

圖 4-6-7 美國 2022／8～2022／12 的 PCE 及 CPCE 月增率及年增率

		2022			
	Aug.	Sept.	Oct.	Nov.	Dec.
	Percent change from preceding month				
Personal income:					
Current dollars	0.4	0.4	0.8	0.3	0.2
Disposable personal income:					
Current dollars	0.4	0.4	0.9	0.3	0.3
Chained (2012) dollars	0.1	0.0	0.5	0.2	0.2
Personal consumption expenditures (PCE):					
Current dollars	0.7	0.6	0.8	-0.1	-0.2
Chained (2012) dollars	0.5	0.3	0.4	-0.2	-0.3
Price indexes:					
PCE	0.3	0.3	0.4	0.1	0.1
PCE, excluding food and energy	0.6	0.5	0.3	0.2	0.3
Price indexes:	Percent change from month one year ago				
PCE	6.3	6.3	6.1	5.5	5.0
PCE, excluding food and energy	4.9	5.2	5.1	4.7	4.4

資料來源：美國經濟分析局

　　根據美國商務部公布的數據（表 4-6-5），2023 年 10 月，美國個人消費支出物價指數年增率為 3.0％，是從 2021 年 3 月以來增加速度最慢，符合市場預期，較前值 3.4％（2023 年 9 月）下滑；若按照月增率來看，成長率為 0，低於市場預期的 0.1％，及前值 0.4％（2023 年 9 月）。若排除能源和食品價格後的核心個人消費支出物價指數年增率為 3.5％，符合市場預期，也較前值 3.7％（2023 年 9 月）下滑；若按照月增率來看，成長率為 0.2％，符合市場預期，並且低於前值 0.3％（2023 年 9 月）。

　　根據上述美國個人消費支出物價指數及核心個人消費支出物價指數的年增率及月增率，可以預期聯準會升息周期應該已經結束，因為從這些數據可以發現美國經濟的狀態及勞動市場正在放緩，為避免美國經濟衰退，預期最快 2024 年第 2 季開始降息。

表 4-6-5 美國 2022/7 ～ 2023/10 的 PCE 及 CPCE 年增率及月增率

項目	PCE 年增率	CPCE 年增率	PCE 月增率	CPCE 月增率
2022／07	6.4%	4.7%	0.0%	0.0%
2022／08	6.2%	4.9%	0.3%	0.5%
2022／09	6.2%	5.2%	0.4%	0.5%
2022／10	6.1%	5.1%	0.5%	0.3%
2022／11	5.5%	4.7%	0.2%	0.2%
2022／12	5.0%	4.4%	0.2%	0.3%
2022／01	5.5%	4.9%	0.6%	0.6%
2023／02	5.2%	4.8%	0.3%	0.3%
2023／03	4.4%	4.8%	0.1%	0.3%
2023／04	4.5%	4.8%	0.3%	0.4%
2023／05	4.0%	4.7%	0.1%	0.3%
2023／06	3.2%	4.3%	0.2%	0.2%
2023／07	3.4%	4.3%	0.2%	0.2%
2023／08	3.4%	3.8%	0.4%	0.1%
2023／09	3.4%	3.7%	0.4%	0.3%
2023／10	3.0%	3.5%	0.0%	0.2%

資料來源：美國經濟分析局

本章重點快速瀏覽

1. 物價指數的分類及拉式指數、帕氏指數、費雪指數的定義及計算。

2. 美國生產者物價指數及核心生產物價指數的説明及如何影響通膨。

3. 美國生產者物價指數及消費者物價指數的比較。

4. 美國消費者指數的組成及權重説明，並深入探討了解影響通膨的因素。

5. 美國消費者物價指數及核心消費者物價指數的説明，及如何影響通膨。

6. 通膨中可觀察美國新車、二手車及房租物價指數之月增率及年增率。

7. 美國個人消費支出物價指數的定義及權重，及如何影響通膨。

8. 美國個人消費支出物價指數及個人消費支出核心物價指數的比較。

CHAPTER 05

美國聯準會如何操控利率

美國自 2022 年以來升息抗通膨，而引起利率長期升高，若美國緊縮貨幣政策持續，將對股票和房地產等全球風險性資產造成衝擊；若美國經濟開始衰退、通膨下降，達到聯準會設定的通膨目標，則美國將開始考慮實施擴張性的貨幣政策如降息，以刺激經濟。另外，美國 2022 年 6 月以來，長短期公債殖利率倒掛已經持續一陣子了，顯示美國經濟有陷入衰退現象，因此未來聯準會的利率走向，將主宰全球資金流。

2023 年美國經濟與勞動市場的數據仍超出預期，加上以巴衝突刺激油價，推升通膨，由於 2022 年受通膨及美國聯準會快速升息的影響，美國股市及債市出現齊漲齊跌的現象。加上殖利率曲線呈現 1981 年以來最嚴重的倒掛，所以投資人會想，為何聯準會緊縮幅度如此之大，以及利率倒掛後，何時會開始經濟衰退，面對這樣的狀況應該如何配置資產。

聯準會為了因應金融市場變化，會定期調整貨幣政策的工具，例如聯準會 2023 年最後一次升息為 7 月 27 日，就透過調整聯邦資金利率的目標區間（當時為 5.25％～5.5％）來控制調整實際聯邦資金利率（Effective Fed Funds Rate, EFFR），並輔以超額準備金利率（Interest Rate on Excess Reserve, IOER）與隔夜附賣回操作（Overnight Reverse Repurchase Agreements, ON RRP）等利率工具調整，達到穩定就業及物價的目標。

聯準會在設定目標利率區間後，會透過公開市場操作來調整準備金利率（IORB）及隔夜附賣回操作等利率，其最終會將隔夜拆款利率控制在目標區間內，並且聯準會為避免前述短期市場利率跌破利率下限，除了持續擴大隔夜附賣回操作操作吸收資金，也調升超額準備金利率及隔夜附賣回操作利率。本章將以 2022 至 2023 年的情況，說明聯準會如何以利率工具達成設定目標。

5-1 何謂利率倒掛

殖利率曲線（Yield Curve）就是把不同期限的美國公債到期殖利率連結成的曲線，呈現出不同天期債券殖利率高低變化。一般來說，長天期的債券所履行的債息因為不確定較高，所以必須支付較高的利息，因此長天期公債利率通常會比短天期公債高（如圖 5-1-1）。

但有時也會有例外，如 2023 年 7 月初，美國 10 年期減 2 年期公債利差，再度創下 1981 年以來新低，也就是所謂的「殖利率曲線倒掛」（簡稱殖利率倒掛）。殖利率倒掛是指短天期公債殖利率高於長天期債殖利率（如圖 5-1-2），導致殖利率曲線出現負斜率。那是因為投資人擔心美國經濟逐漸衰退，導致投資人購買中長天期公債因避險的需求而增加，因此造成債券價格上漲而殖利率下降，造成利率倒掛的現象。

金融市場常以 10 年期及 2 年期的公債殖利率差距做為參考標準，但 3 個月期的公債殖利率天期更短，並更貼近聯邦基準利率，因此 3 個月期的公債殖利率相較 2 年期的公債殖利率有更準確的參考性。

圖 5-1-1 正常殖利率曲線，到期日愈長，殖利率愈高

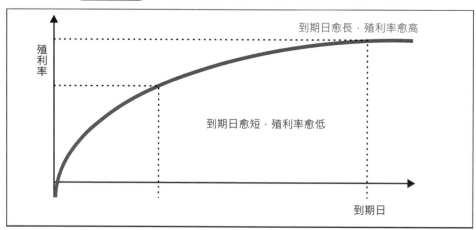

圖 5-1-2 不正常殖利率曲線，到期日愈短，殖利率愈高

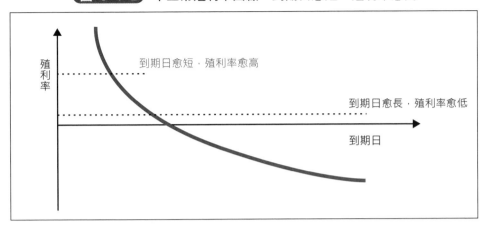

為了解美國 2023 年 7 月 3 日最嚴重的利率倒掛（2 年期公債殖利率為 4.94％，10 年期公債殖利率為 3.86％，差距為-1.08％），截至 2023 年 9 月 15 日止仍為利率倒掛外，並將這段期間的資料圖示如下。

圖 5-1-3 美國 2023／7／3 ～ 2023／9／15 之 2 年期及 10 年期公債殖利率

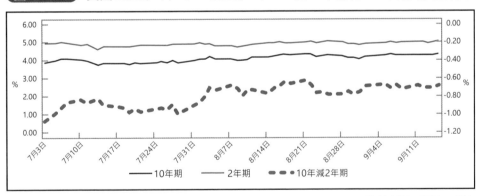

資料來源：財經 M 平方

5-2 美國兩大基準利率及如何影響短期利率

當我們說聯準會或央行調整利率時，指的就是「基準利率」（Base rate）。基準利率又稱基本利率，是由央行公布的利率，每間銀行在決定存款、貸款、貼現利率時，都會把央行制訂的基準利率當成基準。所以儘管每間銀行的利率都不太一樣，但不會相差太多。基準利率的價值在於讓市場能有個參照標準，同時也能保障人民的權益，否則如果每間銀行都刻意把存款利率壓低，然後把借貸利率拉高，會對民眾造成很大的影響。

另外，各國基準利率的定義未必一樣，例如在台灣，基準利率指的是重貼現率（央行借錢給商業銀行時的借貸利率）；英國則是指銀行同業拆款利率（銀行彼此之間借錢的利率）；美國則是指聯邦基金目標利率（是一個範圍，而不是一個數值）。

聯準會的聯邦基金利率（Federal Fund Rate）：

聯準會的聯邦基金利率是美國相當代表性的短期利率，同時也是貨幣政策的目標利率。所謂的聯邦基金利率指的是，美國銀行與銀行之間同業隔夜拆款的利率，聯準會規定銀行每天下班後必須達到持有現金的下限，若未達到的銀行，可以利用同業拆款以達到現金的下限。銀行彼此拆借現金是必須付出利息的，該利息就是聯邦基金利率算出來的。

聯邦基金利率代表的是短期市場利率的水準，通常聯邦公開市場委員會（FOMC）會對聯邦基金利率設定目標區間，透過公開市場操作以確保利率維持在此區間內，並以此為商業銀行之間彼此借款的利率範圍。因此聯邦基金利率也是商業銀行將超額準備金借給其他資金短缺銀行的計息標準，也可視為銀行借貸資金的持有成本。該利率除影響短期利率，並且間接影響商業銀行的房屋貸款、汽車貸款及信用卡的循環利率。

聯邦基金目標利率

　　聯邦基金利率目標由聯邦儲備系統下的聯邦公開市場操作委員會投票決定，每年召開八次會議以設定目標聯邦基金利率，這個利率通常也是市場最關注的利率。至於影響聯邦公開市場操作委員會的因素，就是通膨和就業的發展情況，其次是金融市場的狀況。

　　當通膨和就業低迷，聯邦公開市場操作委員會透過調降聯邦基金利率目標，增加貨幣的調整，以提振經濟；當通膨和就業過於強勁時，聯邦公開市場操作委員會則透過調升聯邦基金利率目標，來減少貨幣供給，防止經濟過熱。

聯邦基金有效利率

　　通常聯準會設定聯邦基金利率目標後，會透過公開市場操作和調整準備金等市場參與手段，引導聯邦基金有效利率（Effective Federal Fund Rate, EFFR）向目標利率靠近。

　　聯邦基金有效利率也是「無擔保商業銀行」的隔夜拆款利率，它是銀行間拆借利率的加權平均值或是中間值，聯邦基金的有效利率是前一個工作日隔夜聯邦基金交易的有效中位利率（因為各家銀行彼此間的隔夜拆款利率都不同，所以取中位數就是 EFFR），是由紐約聯邦儲備銀行每日發布的，也可稱為聯邦基金利率。

表 5-2-1 2020／3／3～2023／12／14 聯邦基金目標利率

日期	聯邦基金目標利率	調整
2020／3／3	1％～1.25％	X
2020／3／15	0％～0.25％	-1.00％
2022／3／16	0.25～0.50％	0.25％
2022／5／4	0.75％～1.00％	0.50％
2022／6／15	1.50％～1.75％	0.75％
2022／7／27	2.25％～2.50％	0.75％
2022／9／21	3.00％～3.25％	0.75％
2022／11／2	3.75％～4.00％	0.75％
2022／12／14	4.25％～4.50％	0.50％
2023／2／1	4.50％～4.75％	0.25％
2023／3／22	4.75％～5.00％	0.25％
2023／5／3	5.00～5.25％	0.25％
2023／7／26	5.25％～5.50％	0.25％
2023／9／21	5.25％～5.50％	0.00％
2023／11／2	5.25％～5.50％	0.00％
2023／12／14	5.25％～5.50％	0.00％

資料來源：美國聯準會、作者整理

重貼現率（Rediscount Rate）

美國重貼現率是商業銀行跟聯準會（中央銀行）借款的利率，利率高低是由聯準會決定的，是市場利率上限，所以美國的重貼現率也可以視為美國代表性的短期利率。聯準會影響短期利率的工具還有貼現率（Discount Rate），美國貼現率主要功能是，美國商業銀行向聯準會借錢來應付在聯準會準備金不足，或是流動性等問題的利率，因此聯準會降低貼現率也能吸引商業銀行從原先向同業拆款，轉向聯準會借貸。

因為利率高低是由聯準會決定的，所以美國的重貼現率也可以稱為聯邦重貼現率，過去重貼現率通常會高於有效聯邦基金利率許多，所以重貼現率是商業銀行資金成本最高的資金來源。

一般情況下，商業銀行不會跟聯準會借錢，而且聯準會通常會鼓勵商業銀行（有效聯邦基金利率）彼此調度資金，若是借不到才和聯準會借（重貼現率）。重貼現率主要是以聯邦基金利率加計碼數來設定利率，所以重貼現率高於聯邦基金利率。

5-3 準備金利率和逆回購利率

美國的商業銀行都必須要在聯準會存放一定金額的準備金，確保銀行有足夠的現金應付客戶的提款需求，或將多餘的現金存入央行做為超額準備金。準備金利率就是聯準會支付給商業銀行放置在聯準會準備金的利率，這可以提升商業銀行存準備金的意願。

準備金可以分為法定準備金及超額準備金：

1. 法定準備金（Required Reserve）及法定準備金利率（Interest Rate on Required Reserves, IORR）：

商業銀行根據聯準會要求，必須存入央行帳戶的準備金，這筆金額不能動用，只會在央行的帳上。聯準會發準備金的利息給銀行，就稱為法定準備金利率。

2. 超額準備金（Excess Reserve）及超額準備金利率（Interest Rate on Excess Reserves, IOER）：

若商業銀行存入央行的準備金，若已經超過聯準會法定準備金要求的金額，則該筆資金可以用來拆借給需要資金的商業銀行，並收取該銀行的隔夜利息。

準備金利息利率（IORB）

　　準備金利率（Interest Rate on Reserve Balances, IORB）是聯準會管理短天期利率最主要的工具，目前分成「法定準備金」及「超額準備金」，不過 2024 年法定準備金的比例是 0，所以所有準備金都是超額準備金，統一稱為「準備金」。

　　準備金的報酬就是準備金利率，聯準會必須掌握市場對於準備金的需求量，才能引導市場短期利率趨近其所設定的利率目標。目前對商業銀行超額準備金付息，其利率即為聯準會之存款利率，市場參與者（商業銀行）不願意以低於該利率貸出資金（同業拆款），因此超額準備金付息利率就成為聯準會於市場短期利率之下限，協助聯準會完成聯邦基金利率的目標。

　　到了 2020 年之後，因為法定存款準備金的比率已經降到 0%，法定準備金利率就失去意義，故取消法定準備金和超額準備金利率，整併成準備金利率。由於美國商業銀行若把錢放在聯準會至少能取得準備金利率，因此美國的商業銀行就傾向不將多餘準備金低於準備金利率借出，因此可將它視為短期市場利率的下限。

　　舉例來說，從圖 5-3-1 發現 2023／9／25 之準備金利率為 5.4%，那麼美國商業銀行就不會用低於 5.4% 的利率把錢拆借出去，因為若是這樣，就不如將準備金存放於聯準會。因此可以利用這樣的操作方式來影響市場利率的下檔，也可以視為聯準會操作貨幣政策的工具之一。另當美國聯準會 2023 年 7 月基準利率調升至 5.25%～5.5% 時，準備金利率也升至5.4%。

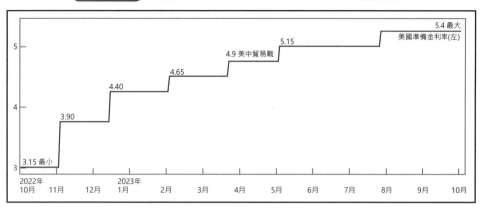

圖 5-3-1 美國 2022／10～2023／10 之準備金利率

資料來源：聯準會、STOCK-AI

準備金利率 vs.有效聯邦基金利率

　　準備金利率為金融機構（商業銀行）存放在聯準會中的報酬率（是由聯準會決定），而有效聯邦基金利率則為商業銀行互相拆借的成本（由市場決定），兩者間的利差就是商業銀行套利的空間，有些商業銀行會用較低的利率（EFFR）在同業拆款市場借入資金，並存入聯準會獲取較高利率（IORB）。

　　過去準備金利率均高於有效聯邦基金利率，以確立市場資金是穩定的，所以當兩者利差縮小，表示市場資金緊俏，無套利空間，超額準備金資金也將流出。

逆回購利率：

　　有許多的貨幣市場基金、交易商或是非金融機構因為規模不夠大，不能直接跟聯準會往來，無法將多餘的錢放置聯準會領取準備金利率，所以聯準會先賣美國國債給非金融機構，然後隔天承諾非金融機構以高一點價格將美國國債買回，這個價差就是非金融機構借給聯準會一天所獲得的利息。故很多中小型機構沒辦法得到準備金利率，就會將多餘資金用更低利率拆借出去給聯準會，於是就壓低有效聯邦基金利率（EFFR），如圖 5-3-2。

　　聯準會也能夠透過「逆回購利率」（On RRP Rate）來收回資金，也就是賣國庫券給這些機構，並收回他們手上的現金，進而控制利率下限（控制商業銀行隔夜拆款利率的下限），並支付該價差做為隔夜利率，並用以吸收短期過剩的流動性，以避免利率跌破聯準會目標下限。

　　通常逆回購操作是在紐約聯儲的公開市場交易台進行的，貨幣市場基金是逆回購市場的最大參與者之一。但若 2024 年美國市場開始降息，資金將可能會以較快的速度從隔夜逆回購市場撤出，投資者會將資金投向美國政府公債，因為只要將公債持有至到期，即可獲得較高的殖利率收益。由於逆回購利率是美國聯準會利率區間的下限之一，所以未來美國出現降息的情況，逆回購利率將會調降利率。

圖 5-3-2 有效聯邦基金利率和準備金利率及逆回購利率的操作

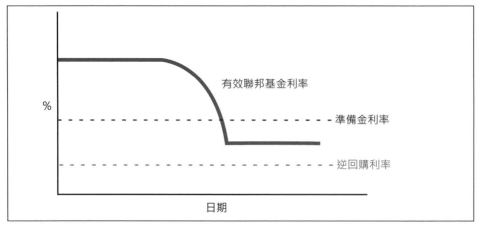

資料來源：Board of Governors of the Federal Reserve System

準備金利率和逆回購利率的比較及影響

　　隔夜逆回購具有提供資金流動性的功能，由於美國貨幣市場基金（提供逆回購利率）、商業銀行（提供準備金利率）等機構及投資者將現金存入聯準會，進而換取美國國債等高質量抵押品，減少現金，隔天再賣出美國國債及回籠現金。

　　隔夜逆回購利率除了可以提供非金融機構存放聯準會現金的功能，更能扮演著聯邦基金利率的下限，並且用以吸收金融市場短期過剩的流動性，以避免聯邦基金利率跌破聯準會的目標下限，甚至更能避免降至負利率（參考圖 5-3-3）。

1. **貨幣基金規模下降，說明投資者找到更高報酬率及低風險的投資標的，這說明美國的經濟狀況佳。**
2. **逆回購數據下降，說明市場流動性過剩程度緩和及降低短期利率。**

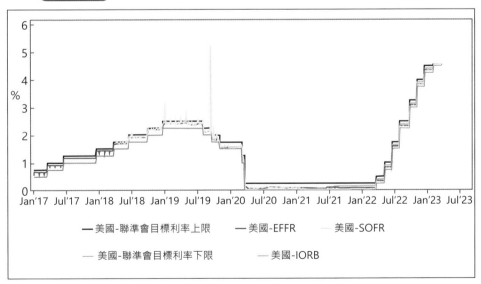

圖 5-3-3 美國 EFFR、SOFR、IORB 及聯準會目標利率上限及下限

資料來源：財經 M 平方

　　美國金融市場對聯準會逆回購機制的需求在 2022 年 6 月開始放緩，並且首次降至 2 兆美元以下（表 5-3-1），在 2023 年 9 月及 10 月更是降至 1.43 兆和 1.28 兆美元。因為非金融機構更願意買入國庫券，而非把現金放在聯準會隔夜逆回購。由於美國債務上限獲延長後，美國財政部開始發行大量公債，聯準會隔夜逆回購視窗吸引 1.992 兆美元投標，得標利率為 5.05％，有 103 個對手方得標，而貨幣市場基金是逆回購市場的最大參與者之一。在這一操作過程中，市場參與者將現金借給聯準會，通常是隔夜，利率為 5.05％，以換取公債或其他政府證券，聯準會承諾隔天將買回這些抵押品。

表 5-3-1　美國逆回購量（ON RRP）及聯準會超額準備（IORB）

單位：10 億美元

ON RRP 日期 ／ IORB 日期		ON RRP 量	IORB 量
2023／9／27	2022／9	2327.11	3131.40
2022／10／24	2022／10	2242.04	3055.07
2022／11／28	2022／11	2054.91	3126.20
2022／12／30	2022／12	2553.72	3107.30
2023／1／26	2023／1	2024.07	3029.9
2023／2／21	2023／2	2046.06	3021.8
2023／3／28	2023／3	2231.75	3258.4
2023／4／24	2023／4	2308.54	3269.5
2023／5／26	2023／5	2189.68	3235.6
2023／6／22	2023／6	1994.71	3265.6
2023／7／27	2023／7	1735.78	3178.7
2023／8／30	2023／8	1696.82	3228.0
2023／9／25	2023／9	1437.31	X
2023／10／6	2023／10	1283.46	X

資料來源：聯準會、作者整理

5-4 從隔夜拆款利率及準備金利率看資金流動

　　有效聯邦基金利率（Effective Federal Funds Rate, EFFR）和擔保隔夜拆款利率（Secured Overnight Financing Rate, SOFR，大型金融機構為隔夜貸款相互支付的利率），是市場流動性的最重要指標，這兩個指標的漲跌也反映了貨幣市場美元的流動性。

　　對於美元來說，美國最常用的是有效聯邦基金利率（EFFR）和擔保隔夜融資利率（SOFR）。其中，有效聯邦基金利率是無擔保隔夜利率，所以略高於擔保隔夜融資利率（詳見表 5-4-1）。另外，如果有效聯邦基金利率和擔保隔夜融資利率攀升至利率上限，甚至是超越利率上限時，此時準備金應該是非常短缺的，而且商業銀行願意用更高的利率跟其他商業銀行借錢。相反的，若是有效聯邦基金利率和擔保隔夜融資利率降低至利率下限時，代表市場上資金是過剩的。

表 5-4-1 美國近年 EFFR 和 SOFR 數據

日期	美國目標利率	EFFR	SOFR
2022／12／14	4.25％～4.5％	4.33％	4.32％
2023／2／1	4.5％～4.75％	4.58％	4.55％
2023／3／22	4.75％～5％	4.83％	4.80％
2023／5／3	5％～5.25％	5.08％	5.06％
2023／6／14	5％～5.25％	5.08％	5.05％
2023／7／26	5.25％～5.5％	5.08％	5.06％
2023／7／28	5.25％～5.5％	5.33％	5.30％
2023／7／31	5.25％～5.5％	5.33％	5.31％
2023／8／31	5.25％～5.5％	5.33％	5.31％
2023／9／20	5.25％～5.5％	5.33％	5.30％
2023／9／28	5.25％～5.5％	5.33％	5.31％
2023／11／1	5.25％～5.5％	5.33％	5.32％
2023／12／13	5.25％～5.5％	5.33％	5.31％

資料來源：美國聯準會、作者整理

準備金利率和隔夜拆款利率的利差

準備金利率為商業銀行存放在聯準會帳戶中所產生的利息，而隔夜拆款利率（也稱有效聯邦基金利率，EFFR）則為商業銀行互相拆借的成本（由市場供需決定），兩者存放利差即為商業銀行套利的空間。

過去美國準備金利率都比隔夜拆款利率高一點，如果兩者利差擴大，代表市場外資金過多，有些非商業銀行的機構會用很低的利息借錢給商業銀行，商業銀行再將借來的錢存放於聯準會。兩者利差若縮小，代表市場外資金過少，商業銀行就無套利的空間了，超額準備金將會流出。如果準備金利率減去有效聯邦基金利率為負值，代表商業銀行籌措資金成本一直上升，而造成現階段流動性緊張，從表 5-4-2 可以看出美國 2022 年 7 月～2023 年 12 月 IORB-EFFR 的利差。

表 5-4-2 美國 2022 ／ 7 ～ 2023 ／ 12 期間 IORB-EFFR 利差

時間	IORB-EFFR 利差
2022／7／29～2022／7／31	0.08％
2022／8／1～2023／2／8	0.07％
2023／2／9	0.08％
2023／2／11～2023／2／26	0.07％
2023／2／27～2023／5／12	0.08％
2023／5／13～2023／6／19	0.07％
2023／6／20～2023／6／29	0.08％
2023／6／30～2023／7／9	0.07％
2023／7／10	0.08％
2023／7／11～2023／12／11	0.07％

資料來源：美國聯準會、作者整理

本章重點快速瀏覽

1. 何謂利率倒掛，利率倒掛如何造成經濟衰退。

2. 美國兩大基準利率及如何影響短期利率。

3. 準備金利息利率（法定準備金及超額準備金）如何影響市場利率。

4. 美國準備金利率及重貼率的定義及功能。

5. 金融機構的準備金利率和非金融機構的逆回購利率之影響。

6. 從隔夜拆款利率及準備金利率了解貨幣市場資金流動性。

7. 從準備金利率（存款利率）和隔夜拆款利率（貸款利率）的利差，了解資金的流動性。

CHAPTER 06

預判聯準會決策讓
投資勝率更高

聯準會利率決策是牽動金融市場重要的變數，所以掌握相關數據及利率預測至關重要，因為投資人對利率決策的判斷，將攸關自己的投資決策。目前美國利率點陣圖及以期貨合約為基礎的美國金融交易所之FedWatch 工具，都能看出市場預期將升或降息，點陣圖代表聯準會官員將對未來幾年利率的預測，FedWatch 工具更是用來評估隔夜利率走向的工具。

由於美元為全球儲備資產之一，且全球貿易及金融交易皆以美元計價，所以美國聯準會的利率決策會影響全球央行的決策，當然也包括台灣的央行（影響台灣的重貼現率）。

一個國家的利率升降，會影響國與國之間的貨幣競爭力（當美國利率下跌，美國資金外移，造成美元貶值；美國利率上升，會使國外資金流向美國，造成美元升值）及貿易競爭力（美元貶值，出口競爭力增加，美元升值，出口競爭力減少）。

整體而言，若美國貨幣政策調整，除了影響美國自身經濟及貿易，更會影響他國的貨幣政策，因此對全球經濟及金融市場影響甚鉅。美國降息也會讓世界經濟及貿易產生巨大的變化，因降息會降低企業籌資成本及投資成本，同樣的也會讓投資人舉債成本降低，造成美國股市及全球股市上揚。由於經濟活躍，會造成大宗商品價格上揚，也因利率下降，造成先前所發行債券利率較高而具吸引力，債券價格上升，尤其是長期債券所形成的資本利得影響更大。

聯準會的利率政策對全球經濟及投資有相當的影響力，本章將分析如何利用國內生產毛額（GDP）、失業率（Unemployment）、個人消費支出物價指數通貨膨脹率（PCE inflation）、利率點陣圖及 30 天聯邦基金期貨定價數據，預判美國聯準會的利率政策。

6-1 從聯準會經濟預測推估利率走勢 ————

聯準會調整利率最重視的指標：1. 經濟成長率、2. 失業率、3. 個人消費支出物價指數、4. 核心個人消費支出物價指數

　　讀者可利用美國聯準會定期公布的經濟預測，參考圖 6-1-1、圖 6-1-2 及圖 6-1-3（6 月、9 月及 12 月），可以了解聯準會推估 2023 及 2024 年美國之國內生產毛額、失業率及核心消費者物價指數，及整理預測資料後（參考表 6-1-1 及 6-1-2）對於美國貨幣政策及降息的推估。

圖 6-1-1　聯準會 6 月經濟預測

Percent

Variable	Median[1]				Central Tendency[2]				Range[3]			
	2023	2024	2025	Longer run	2023	2024	2025	Longer run	2023	2024	2025	Longer run
Change in real GDP	1.0	1.1	1.8	1.8	0.7–1.2	0.9–1.5	1.6–2.0	1.7–2.0	0.5–2.0	0.5–2.2	1.5–2.2	1.6–2.5
March projection	0.4	1.2	1.9	1.8	0.0–0.8	1.0–1.5	1.7–2.1	1.7–2.0	-0.2–1.3	0.3–2.0	1.5–2.2	1.6–2.5
Unemployment rate	4.1	4.5	4.5	4.0	4.0–4.3	4.3–4.6	4.3–4.6	3.8–4.3	3.9–4.5	4.0–5.0	3.8–4.9	3.5–4.4
March projection	4.5	4.6	4.6	4.0	4.0–4.7	4.3–4.9	4.3–4.8	3.8–4.3	3.9–4.8	4.0–5.2	3.8–4.9	3.5–4.7
PCE inflation	3.2	2.5	2.1	2.0	3.0–3.5	2.3–2.8	2.0–2.4	2.0	2.9–4.1	2.1–3.5	2.0–3.0	2.0
March projection	3.3	2.5	2.1	2.0	3.0–3.8	2.2–2.8	2.0–2.2	2.0	2.8–4.1	2.0–3.5	2.0–3.0	2.0
Core PCE inflation[4]	3.9	2.6	2.2		3.7–4.2	2.5–3.1	2.0–2.4		3.6–4.5	2.2–3.6	2.0–3.0	
March projection	3.6	2.6	2.1		3.5–3.9	2.3–2.8	2.0–2.2		3.5–4.1	2.1–3.1	2.0–3.0	
Memo: Projected appropriate policy path												
Federal funds rate	5.6	4.6	3.4	2.5	5.4–5.6	4.4–5.1	2.9–4.1	2.5–2.8	5.1–6.1	3.6–5.9	2.4–5.6	2.4–3.6
March projection	5.1	4.3	3.1	2.5	5.1–5.6	3.9–5.1	2.9–3.9	2.4–2.6	4.9–5.9	3.4–5.6	2.4–5.6	2.3–3.6

資料來源：聯準會

圖 6-1-2　聯準會 9 月經濟預測

Percent

Variable	Median[1]					Central Tendency[2]					Range[3]				
	2023	2024	2025	2026	Longer run	2023	2024	2025	2026	Longer run	2023	2024	2025	2026	Longer run
Change in real GDP	2.1	1.5	1.8	1.8	1.8	1.9–2.2	1.2–1.8	1.6–2.0	1.7–2.0	1.7–2.0	1.8–2.6	0.4–2.5	1.4–2.5	1.6–2.5	1.6–2.5
June projection	1.0	1.1	1.8		1.8	0.7–1.2	0.9–1.5	1.6–2.0		1.7–2.0	0.5–2.0	0.5–2.2	1.5–2.2		1.6–2.5
Unemployment rate	3.8	4.1	4.1	4.0	4.0	3.7–3.9	3.9–4.4	3.9–4.3	3.8–4.3	3.8–4.3	3.7–4.0	3.7–4.5	3.7–4.7	3.7–4.5	3.5–4.3
June projection	4.1	4.5	4.5		4.0	4.0–4.3	4.3–4.6	4.3–4.6		3.8–4.3	3.9–4.5	4.0–5.0	3.8–4.9		3.5–4.4
PCE inflation	3.3	2.5	2.2	2.0	2.0	3.2–3.4	2.3–2.7	2.0–2.3	2.0–2.2	2.0	3.1–3.8	2.1–3.5	2.0–2.9	2.0–2.7	2.0
June projection	3.2	2.5	2.1		2.0	3.0–3.5	2.3–2.8	2.0–2.4		2.0	2.9–4.1	2.1–3.5	2.0–3.0		2.0
Core PCE inflation[4]	3.7	2.6	2.3	2.0		3.6–3.9	2.5–2.8	2.0–2.4	2.0–2.3		3.5–4.2	2.3–3.6	2.0–3.0	2.0–2.9	
June projection	3.9	2.6	2.2			3.7–4.2	2.5–3.1	2.0–2.4			3.6–4.5	2.2–3.6	2.0–3.0		
Memo: Projected appropriate policy path															
Federal funds rate	5.6	5.1	3.9	2.9	2.5	5.4–5.6	4.6–5.4	3.4–4.9	2.5–4.1	2.5–3.3	5.4–5.6	4.4–6.1	2.6–5.6	2.4–4.9	2.4–3.8
June projection	5.6	4.6	3.4		2.5	5.4–5.6	4.4–5.1	2.9–4.1		2.5–2.8	5.1–6.1	3.6–5.9	2.4–5.6		2.4–3.6

資料來源：聯準會

圖 6-1-3 聯準會 12 月經濟預測

Percent

Variable	Median[1]					Central Tendency[2]					Range[3]				
	2023	2024	2025	2026	Longer run	2023	2024	2025	2026	Longer run	2023	2024	2025	2026	Longer run
Change in real GDP	2.6	1.4	1.8	1.9	1.8	2.5–2.7	1.2–1.7	1.5–2.0	1.8–2.0	1.7–2.0	2.5–2.7	0.8–2.5	1.4–2.5	1.6–2.5	1.6–2.5
September projection	2.1	1.5	1.8	1.8	1.8	1.9–2.2	1.2–1.8	1.6–2.0	1.7–2.0	1.7–2.0	1.8–2.6	0.4–2.5	1.4–2.5	1.6–2.5	1.6–2.5
Unemployment rate	3.8	4.1	4.1	4.1	4.1	3.8	4.0–4.2	4.0–4.2	3.9–4.3	3.8–4.3	3.7–4.0	3.9–4.5	3.8–4.7	3.8–4.7	3.5–4.3
September projection	3.8	4.1	4.1	4.0	4.0	3.7–3.9	3.9–4.4	3.9–4.3	3.8–4.3	3.8–4.3	3.7–4.0	3.7–4.5	3.7–4.7	3.7–4.5	3.5–4.3
PCE inflation	2.8	2.4	2.1	2.0	2.0	2.7–2.9	2.2–2.5	2.0–2.2	2.0	2.0	2.7–3.2	2.1–2.7	2.0–2.5	2.0–2.3	2.0
September projection	3.3	2.5	2.2	2.0	2.0	3.2–3.4	2.3–2.7	2.0–2.3	2.0–2.2	2.0	3.1–3.8	2.1–3.5	2.0–2.9	2.0–2.7	2.0
Core PCE inflation[4]	3.2	2.4	2.2	2.0		3.2–3.3	2.4–2.7	2.0–2.2	2.0–2.1		3.2–3.7	2.3–3.0	2.0–2.6	2.0–2.3	
September projection	3.7	2.6	2.3	2.0		3.6–3.9	2.5–2.8	2.0–2.4	2.0–2.3		3.5–4.2	2.3–3.6	2.0–3.0	2.0–2.9	
Memo: Projected appropriate policy path															
Federal funds rate	5.4	4.6	3.6	2.9	2.5	5.4	4.4–4.9	3.1–3.9	2.5–3.1	2.5–3.0	5.4	3.9–5.4	2.4–5.4	2.4–4.9	2.4–3.8
September projection	5.6	5.1	3.9	2.9	2.5	5.4–5.6	4.6–5.4	3.4–4.9	2.5–4.1	2.5–3.3	5.4–5.6	4.4–6.1	2.6–5.6	2.4–4.9	2.4–3.8

資料來源：聯準會

　　為了讓讀者清楚了解美國經濟預測及經濟指標的脈動，我們將圖 6-1-1、圖 6-1-2 及圖 6-1-3 經濟預測的變化整理如表 6-1-1，舉美國經濟成長率為例，在 6 月經濟預測中，當時 3 月預估經濟成長率為 0.4%，但 6 月經濟預測經濟成長率為 1.0%（上升了 0.6%），但到了 12 月經濟預測中，已經從 9 月預估經濟成長率 2.1% 上修為 2.6%（上升了 0.5%）。至於失業率及個人消費支出物價指數的變化參考表 6-1-2。

表 6-1-1 2023 及 2024 年 GDP、Unemployment 及 PCE inflation 經濟預測

聯準會	6 月經濟預測	9 月經濟預測	12 月經濟預測
GDP／2023 3 次上修	從 3 月預估 0.4% 上修 1.0%	從 6 月預估 1.0% 上修 2.1%	從 9 月預估 2.1% 上修 2.6%
GDP／2024 2 次下修 1 次上修	從 3 月預估 1.2% 下修 1.1%	從 6 月預估 1.1% 上修 1.5%	從 9 月預估 1.5% 下修 1.4%
Unemployment／2023 2 次下修 1 次持平	從 3 月預估 4.5% 下修 4.1%	從 6 月預估 4.1% 下修 3.8%	從 9 月預估 3.8% 持平 3.8%
Unemployment／2024 2 次下修 1 次持平	從 3 月預估 4.6% 下修 4.5%	從 6 月預估 4.5% 下修 4.1%	從 9 月預估 4.1% 持平 4.1%
Pce inflation／2023 2 次下修 1 次上修	從 3 月預估 3.3% 下修 3.2%	從 6 月預估 3.2% 上修 3.3%	從 9 月預估 3.3% 下修 2.8%
Pce inflation／2024 1 次下修 2 次持平	從 3 月預估 2.5% 持平 2.5%	從 6 月預估 2.5% 持平 2.5%	從 9 月預估 2.5% 下修 2.4%
Core PCE／2023 2 次下修 1 次上修	從 3 月預估 3.6% 上修 3.9%	從 6 月預估 3.9% 下修 3.7%	從 9 月預估 3.7% 下修 3.2%
Core PCE／2024 1 次下修 2 次持平	從 3 月預估 2.6% 持平 2.6%	從 6 月預估 2.6% 持平 2.6%	從 9 月預估 2.6% 下修 2.4%

資料來源：聯準會、作者整理

表 6-1-2 整合 2023 及 2024 聯準會經濟預測推估降息及升息

正向／負向	2023（正負向比例）	2024（正負向比例）
GDP 上修為正向 下修為負向	3 次上修 3（正向）／3（總次數）=100%	2 次下修 1 次上修 1（正向）／3=33% 2（負向）／3=66%
Unemployment 下修為正向 上修為負向	2 次下修 1 次持平 2（正向）／3（總次數）=66% 1（持平）／3（總次數）=33%	2 次下修 1 次持平 2（正向）／3（總次數）=66% 1（持平）／3（總次數）=33%
PCE inflation 下修為正向 上修為負向	2 次下修 1 次上修 2（正向）／3（總次數）=66% 1（負向）／3（總次數）=33%	1 次下修 2 次持平 1（正向）／3（總次數）=33% 2（持平）／3（總次數）=66%
Core PCE 下修為正向 上修為負向	2 次下修 1 次上修 2（正向）／3（總次數）=66% 1（負向）／3（總次數）=33%	1 次下修 2 次持平 1（正向）／3（總次數）=33% 2（持平）／3（總次數）=66%

資料來源：聯準會、作者整理

綜合上述資料說明如下：

1. 美國從 2023 到 2024 年經濟成長率下跌，必須透過降息救經濟；反之經濟成長率過高，聯準會將會透過升息壓抑經濟成長。

2. 美國從 2023 到 2024 年失業率依然維持高檔 4.1％，必須透過降息救經濟，讓失業率減緩。

3. 美國從 2023 到 2024 年核心消費者物價指數年增率下跌，代表經濟逐漸衰退造成通膨降低，聯準會必須透過降息讓經濟復甦；反之個人消費支出物價指數上升時，代表經濟過熱而造成通膨上升，聯準會必須透過升息讓經濟降溫及減緩通膨。

4. 美國從 2023 到 2024 年核心消費支出物價指數年增率下跌，影響結果如第三點。

綜合以上條件後，預期美國聯準會 2024 年下半年開始降息，而非升息。

6-2 從利率點陣圖預估聯準會升息或降息 ——

　　根據聯準會發布的點陣圖及 2023 年 12 月經濟預測顯示（圖 6-2-1），美國聯準會官員針對 2024 年政策利率中位預期為 4.6％，2023 年底利率中位數為 5.4％（藍框處），顯示 2024 年將降息 75 個基點，若降息一次為 25 基點（0.25％），也就是 2024 年會降息 3 次。2025 年底利率中位數為 3.6％，故再度降息 4 次（4.6％－3.6％=1％）。

圖 6-2-1 聯準會 12 月經濟預測

Table 1. Economic projections of Federal Reserve Board members and Federal Reserve Bank presidents, under their individual assumptions of projected appropriate monetary policy, December 2023

Percent

Variable	Median[1]					Central Tendency[2]					Range[3]				
	2023	2024	2025	2026	Longer run	2023	2024	2025	2026	Longer run	2023	2024	2025	2026	Longer run
Change in real GDP	2.6	1.4	1.8	1.9	1.8	2.5–2.7	1.2–1.7	1.5–2.0	1.8–2.0	1.7–2.0	2.5–2.7	0.8–2.5	1.4–2.5	1.6–2.5	1.6–2.5
September projection	2.1	1.5	1.8	1.8	1.8	1.9–2.2	1.2–1.8	1.6–2.0	1.7–2.0	1.7–2.0	1.8–2.6	0.4–2.5	1.4–2.5	1.6–2.5	1.6–2.5
Unemployment rate	3.8	4.1	4.1	4.1	4.1	3.8	4.0–4.2	4.0–4.2	3.9–4.3	3.8–4.3	3.7–4.0	3.9–4.5	3.8–4.7	3.8–4.7	3.5–4.3
September projection	3.8	4.1	4.1	4.0	4.0	3.7–3.9	3.9–4.4	3.9–4.3	3.8–4.3	3.8–4.3	3.7–4.0	3.7–4.5	3.7–4.7	3.7–4.5	3.5–4.3
PCE inflation	2.8	2.4	2.1	2.0	2.0	2.7–2.9	2.2–2.5	2.0–2.2	2.0	2.0	2.7–3.2	2.1–2.7	2.0–2.5	2.0–2.3	2.0
September projection	3.3	2.5	2.2	2.0	2.0	3.2–3.4	2.3–2.7	2.0–2.3	2.0–2.2	2.0	3.1–3.8	2.1–3.5	2.0–2.9	2.0–2.7	2.0
Core PCE inflation[4]	3.2	2.4	2.2	2.0		3.2–3.3	2.4–2.7	2.0–2.2	2.0–2.1		3.2–3.7	2.3–3.0	2.0–2.6	2.0–2.3	
September projection	3.7	2.6	2.3	2.0		3.6–3.9	2.5–2.8	2.0–2.4	2.0–2.3		3.5–4.2	2.3–3.6	2.0–3.0	2.0–2.9	
Memo: Projected appropriate policy path															
Federal funds rate	5.4	4.6	3.6	2.9	2.5	5.4	4.4–4.9	3.1–3.9	2.5–3.1	2.5–3.0	5.4	3.9–5.4	2.4–5.4	2.4–4.9	2.4–3.8
September projection	5.6	5.1	3.9	2.9	2.5	5.4–5.6	4.6–5.4	3.4–4.9	2.5–4.1	2.5–3.3	5.4–5.6	4.4–6.1	2.6–5.6	2.4–4.9	2.4–3.8

資料來源：聯準會

從圖 6-2-2，可發現美國聯準會委員 2024 年的 6 月投票利率區間 5.25％～5.5％以下有 15 位（藍框處），5.5％以上有 3 位，故可預期美國 2024 年開始降息。

圖 6-2-2 美國聯準會 6 月利率點陣圖

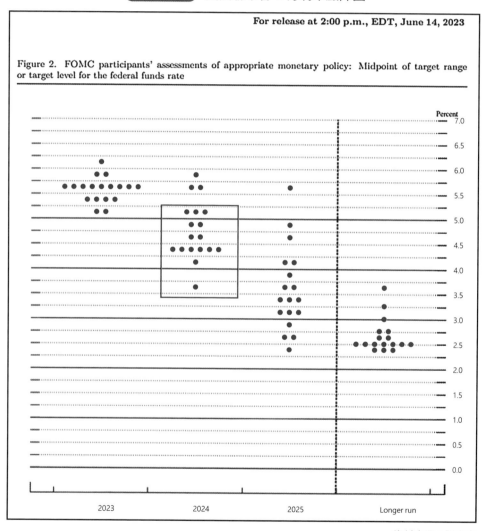

資料來源：聯準會

　　從圖 6-2-3 中，可發現美國聯準會委員 2024 年的 9 月投票利率區間 5.25％～5.5％以下有 17 位（藍框處），5.5％以上有 2 位，可預期美國 2024 年將降息。

圖 6-2-3　美國聯準會 9 月利率點陣圖

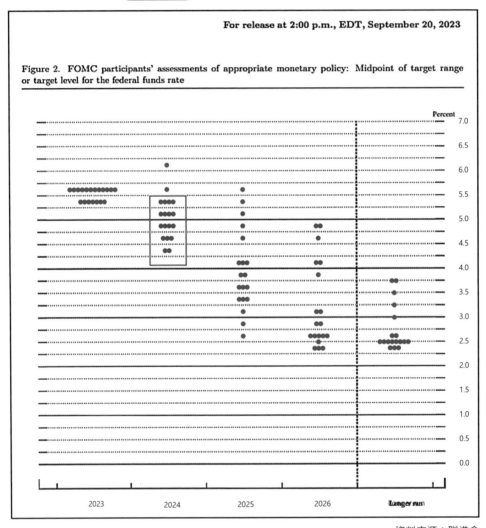

資料來源：聯準會

從圖 6-2-4 中，可發現美國聯準會委員 2024 年 12 月投票利率區間 5.5%以下有 19 位（藍框處），5.5%以上有 0 位，可預期美國 2024 年降息，

圖 6-2-4 美國聯準會 12 月利率點陣圖

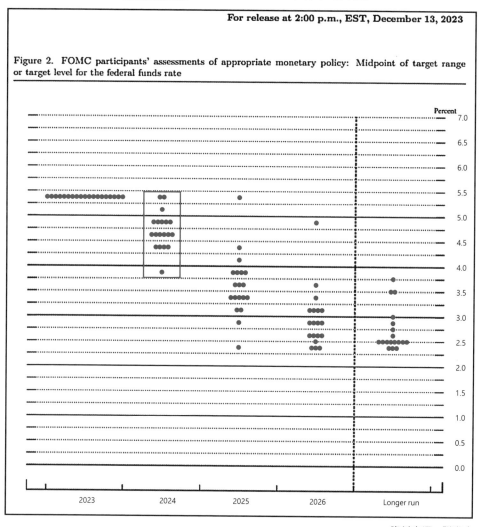

資料來源：聯準會

從表 6-2-1 可以發現，2023 年 12 月利率點陣圖中，聯準會對降息的看法是非常明顯的，因為聯準會 19 位委員中有高達 17 位委員贊成降息，比例超過 90％。

表 6-2-1 聯準會委員 6、9、12 月對降息的看法（藍字為贊成降息人數）

利率區間	6 月	9 月	12 月
3.5％～3.75％	1		
3.75％～4.0％			1
4.0％～4.25％	1		0
4.25％～4.5％	6	2	4
4.5％～4.75％	2	3	6
4.75％～5.0％	2	4	5
5.0％～5.25％	3	4	1
5.25％～5.5％		4	2
5.5％～5.75％	2	1	
5.75％～6.0％	1		
6.0％～6.25％		1	
合計	18	19	19

資料來源：聯準會

6-3 從 FedWatch 推估美國貨幣政策 ————

FedWatch 這個網站是由芝加哥商品交易所（Chicago Mercantile Exchange ,CME，簡稱芝商所）推出的，是芝加哥商品交易所的一個工具網站，公布 30 天期聯邦基金期貨價格（以美國 30 天期 500 萬美元的聯邦基金為標的利率期貨合約），可預測未來聯準會升息及降息機率及美國利率走勢，產生的期貨價格反映市場對聯邦基金有效利率的預期。

圖 6-3-1 中，以 2023 年 6 月 12 日晚上 6 點的報價為例（藍框處），可以看到 6 月到 10 月的價格依序為 94.885（6 月）、94.83（7 月）、94.71（8 月）、94.715（9 月）及 94.725（10 月）。

以 7 月報價為例，2023 年 7 月期貨結算的價格為 94.83，計算時必須先將 100 扣除掉期貨的價格，得到 5.17，將 5.17 乘上 100％便是當月份的隱含利率 5.17％，再和目前的基準利率相減。假設 2023 年 6 月 12 日當時的基準利率為 4.83％，就可以算出利差 0.34％（5.17％－4.83％）。然後再計算要升 1 碼的機率（除以 0.25）、2 碼的機率（除以 0.50）。以升 1 碼的機率為例，故再將利差 0.34％除以 1 碼（0.25％），結果便是 7 月升息 1 碼的機率為 136％。由於 136％的機率算是很高的，因此可以預期美國 7 月會升息，其升息的幅度約為 1 碼。

圖 6-3-1 聯邦基金利率期貨報價

MONTH	OPTIONS	CHART	最后	变化	PRIOR SETTLE	OPEN
JUN 2023 ZQM3	OPT	ᴵᴵᴵ	94.885	+0.005 (+0.01%)	94.88	94.88
JUL 2023 ZQN3	OPT	ᴵᴵᴵ	94.83	+0.01 (+0.01%)	94.82	94.82
AUG 2023 ZQQ3	OPT	ᴵᴵᴵ	94.71	+0.005 (+0.01%)	94.705	94.705
SEP 2023 ZQU3	OPT	ᴵᴵᴵ	94.715	+0.005 (+0.01%)	94.71	94.705
OCT 2023 ZQV3	OPT	ᴵᴵᴵ	94.725	UNCH (UNCH)	94.725	94.72

資料來源：芝加哥商品交易所

升息利率公式範例計算（以 2023 年 7 月報價為例）：

2023 年 7 升息 1 碼（0.25％）的機率

升息機率公式＝〔（100-聯邦基金利率期貨結算價-有效聯邦基金利率）÷預期變動幅度〕×100％

基準利率=有效聯邦基金利率=4.83％（2023／6／12）

算式：（100-94.83-4.83）÷0.25（即升息 1 碼）×100％＝136％

預期 7 月升息的機率為 136％

當美國升息 1 碼後，也會直接影響台灣央行升息的預期，若台灣升息將影響股市及債市，因此投資金融商品的讀者可透過芝商所 FedWatch 工具，提前了解美國聯準會及台灣中央銀行升息及降息的機率，提前布局及因應。

如何使用與查詢 FedWatch

在查詢處上方可以點選未來幾次的會議時間，例如點選下一次的會議時間 2023 年 6 月 14 日，首先在 Current target rate is 500～525（現階段聯準會基金利率在 5%～5.25%），接著就可以看到對於升降息預測的機率。有 74.7%的機率維持不變（500～525），25.3%的機率認為應該調升到（525～550），參考下圖。

圖 6-3-2 查詢及操作 FedWatch

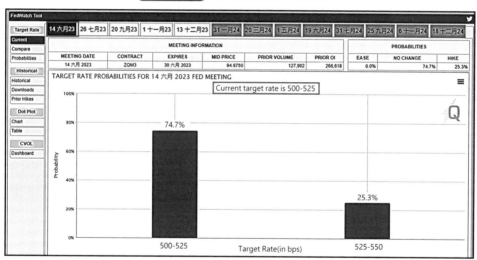

資料來源：芝加哥商品交易所

除了 2023/6/14 的預測之外，也可以點選左邊選項上的 Probabilities（圖 6-3-3），2024 年 11 月 16 日降息 0.35～0.375 的機率達 26.4%。

圖 6-3-3 查詢及操作 FedWatch

FED FUND FUTURES

ZQM3	ZQN3	ZQQ3	ZQU3	ZQV3	ZQX3	ZQZ3	ZQF4	ZQG4	ZQH4	ZQJ4	ZQK4	ZQM4
94.8750	94.8200	94.7050	94.7150	94.7350	94.8450	94.9400	94.9950	95.1800	95.2650	95.3950	95.6150	95.7500

MEETING PROBABILITIES

MEETING DATE	250-275	275-300	300-325	325-350	350-375	375-400	400-425	425-450	450-475	475-500	500-525	525-550	550-575
2023/6/14						0.0%	0.0%	0.0%	0.0%	0.0%	74.7%	25.3%	0.0%
2023/7/26	0.0%	0.0%	0.0%	0.0%	0.0%	0.0%	0.0%	0.0%	0.0%	32.1%	53.5%	14.4%	
2023/9/20	0.0%	0.0%	0.0%	0.0%	0.0%	0.0%	0.0%	0.0%	3.9%	34.7%	48.8%	12.7%	
2023/11/1	0.0%	0.0%	0.0%	0.0%	0.0%	0.0%	0.0%	2.0%	19.6%	41.9%	30.4%	6.2%	
2023/12/13	0.0%	0.0%	0.0%	0.0%	0.0%	0.0%	1.0%	10.9%	30.8%	36.1%	18.2%	3.1%	
2024/1/31	0.0%	0.0%	0.0%	0.0%	0.0%	0.8%	8.5%	26.1%	34.8%	22.4%	6.6%	0.7%	
2024/3/20	0.0%	0.0%	0.0%	0.0%	0.7%	7.4%	23.7%	33.6%	24.1%	8.8%	1.6%	0.1%	
2024/5/1	0.0%	0.0%	0.0%	1.7%	10.0%	25.3%	32.1%	21.7%	7.7%	1.3%	0.1%	0.0%	
2024/6/19	0.0%	0.0%	0.1%	1.2%	7.1%	20.0%	29.7%	25.3%	12.6%	3.5%	0.5%	0.0%	0.0%
2024/7/31	0.0%	0.1%	1.0%	6.5%	18.5%	28.6%	25.8%	14.0%	4.5%	0.9%	0.1%	0.0%	0.0%
2024/9/25	0.0%	0.0%	5.3%	15.9%	26.4%	26.4%	16.6%	6.6%	1.7%	0.3%	0.0%	0.0%	0.0%
2024/11/6	0.6%	4.1%	13.2%	23.7%	26.4%	19.1%	9.2%	2.9%	0.6%	0.1%	0.0%	0.0%	0.0%

TOTAL PROBABILITIES

MEETING DATE	DAYS TO MEETING	EASE	NO CHANGE	HIKE
2023/6/14	10	0.00%	74.71%	25.29%
2023/7/26	52	0.00%	32.09%	67.91%
2023/9/20	108	3.85%	34.66%	61.49%
2023/11/1	150	21.55%	41.88%	36.57%
2023/12/13	192	42.69%	36.06%	21.25%

資料來源：芝加哥商品交易所

　　讀者可以利用上述芝加哥商品交易所查詢及操作 FedWatch 工具，了解美國未來貨幣政策及利率走勢。下表提供美國 2024 年聯準會利率決策會議公布日期，及後續利用 FedWatch 的工具推估 2024 年聯準會降息的機率及降息的碼數（如圖 6-3-4）。

表 6-3-1 聯準會利率決策會議的公布日期

月份	2月	3月	5月	6月	8月	9月	11月	12月
台灣日期	2024 2／1	2024 3／21	2024 5／2	2024 6／13	2024 8／1	2024 9／19	2024 11／8	2024 12／19

資料來源：聯準會

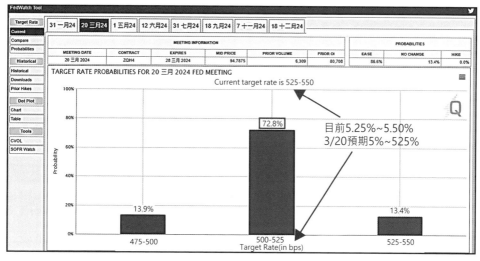

圖 6-3-4 2024/3/20 FedWatch 預測未來降息機率為 72.8%（500～525）

資料來源：芝加哥商品交易所

　　從下表發現，FedWatch 預測聯準會於 2024／1／31 高達 83.5％機率維持 5.25％～5.50％區間機率；到了 2024／3／20 高達 72.8％機率要多降 1 碼（利率 5％～5.25％）；到了 2024／12／18 高達 37.2％機率調降為 3.75％～4.0％（共降 1.5％及合計共 6 碼）。

表 6-3-2 2024 年聯準會 FedWatch 預測 Meeting Date 升降息機率

CME FEDWATCH TOOL - MEETING PROBABILITIES									
MEETING DATE	300-325	325-350	350-375	375-400	400-425	425-450	450-475	475-500	500-525	525-550
2024/1/31					0.0%	0.0%	0.0%	0.0%	16.5%	83.5%
2024/3/20	0.0%	0.0%	0.0%	0.0%	0.0%	0.0%	0.0%	13.9%	72.8%	13.4%
2024/5/1	0.0%	0.0%	0.0%	0.0%	0.0%	0.0%	13.7%	71.8%	14.3%	0.2%
2024/6/12	0.0%	0.0%	0.0%	0.0%	0.9%	17.6%	67.9%	13.4%	0.2%	0.0%
2024/7/31	0.0%	0.0%	0.0%	0.8%	15.6%	61.8%	20.0%	1.8%	0.0%	0.0%
2024/9/18	0.0%	0.0%	0.8%	14.7%	59.0%	22.5%	2.9%	0.1%	0.0%	0.0%
2024/11/7	0.0%	0.5%	9.5%	42.6%	36.0%	10.2%	1.2%	0.0%	0.0%	0.0%
2024/12/18	0.4%	7.9%	36.6%	37.2%	14.8%	2.8%	0.2%	0.0%	0.0%	0.0%

資料來源：芝加哥商品交易所

6-4 勞動力、就業、物價指標數值化綜合判斷

先前教讀者利用美國聯準會經濟預測、美國利率點陣圖預測及 30 天聯邦基金期貨定價數據 FedWatch 推估美國貨幣政策及利率走勢，本單元將教導讀者透過綜合投資指標，來判讀美國經濟及金融市場的走勢。

讀者可用投資指標標準差、投資指標的分數、美國經濟的狀態和聯準會未來採取的貨幣政策（升降息），來制訂投資設略，判斷股票及債券應何時買進及賣出（投資股票及債券仍占投資最大宗）。

綜合投資指標分為：1.勞動市場面投資指標、2.就業數據面投資指標、3.物價面指標 3 個構面分析。後文將針對每個構面提供兩項投資分析表，分別是：美國經濟狀態及聯準會貨幣政策、投資指標分數及投資策略，以利讀者了解每項指標定義，分析後便能準確掌握時機買進股票及債券。

而所謂標準差是指在常態分布中，一個標準差範圍所占比率為全部數值 68％，常態分布兩個標準差之內比率合起來 95％；三個標準差之內比率合起來 99％。在實際應用上，本書嘗試用美國經濟數據近似常態機率分布，來分析美國經濟的狀態（如圖 6-4-1 及表 6-4-1）。

圖 6-4-1 常態機率分布

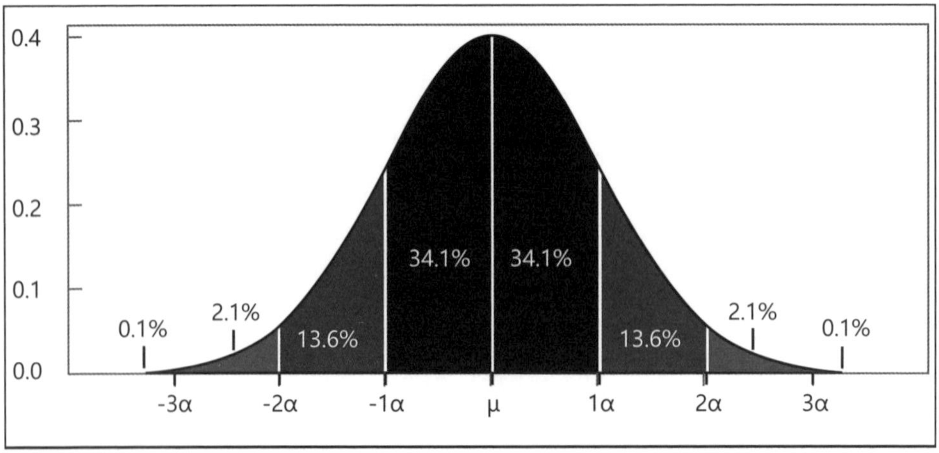

表 6-4-1 常態分配機率

標準差值	機率	以外比例	
	百分比	百分比	比例
0.318σ	25％	75％	3／4
0.674σ	50％	50％	1／2
0.994σ	68％	32％	1／3.125
1σ	68.268％	31.731％	1／3.151
1.281σ	80％	20％	1／5
1.644σ	90％	10％	1／10
1.959σ	95％	5％	1／20
2σ	95.449％	4.550％	1／21.977
2.575σ	99％	1％	1／100
3σ	99.730％	0.270	1／370.398
3.290σ	99.9％	0.1％	1／1000
3.890σ	99.99％	0.001％	1／10000
4σ	99.994％	0.006	1／15787
4.417σ	99.999％	0.001％	1／100000
4.5σ	99.9993	0.0007	1／147159

資料來源：常態分配表、作者整理

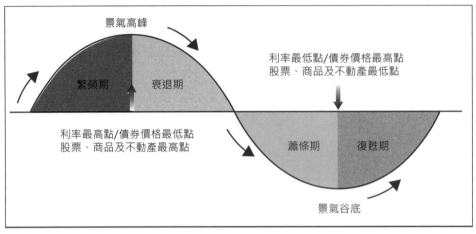

圖 6-4-2 景氣循環 4 大階段與利率、投資商品關係

資料來源：作者整理

表 6-4-2 股債市高低點的投資策略

投資指標狀態	股票		債券	
	買進／賣出	單筆／定期	買進／賣出	單筆／定期
1. 股票絕對低點 債券絕對高點	買進	單筆／定期	賣出	單筆／定期 可定期不定額
2. 股票相對低點 債券相對高點	買進	單筆／定期	賣出	單筆／定期 可定期不定額
3. 中間狀態	買進／賣出	定期定額	買進／賣出	定期定額
4. 股票相對高點 債券相對低點	賣出	單筆／定期	買進	單筆／定期 可定期不定額
5. 股票絕對高點 債券絕對低點	賣出	單筆／定期	買進	單筆／定期 可定期不定額

投資指標狀態說明：

1. 指標分數按照 1 分～5 分區分（1 很弱、2 弱、3 普通、4 強、5 很強）。

2. 單筆：買在最低點（1 絕對低點及 2 相對低點）；賣在最高點（5 絕對高點及 4 相對高點）。

3. 定期定額：不必在乎進場時點間或定期不定額（低點扣更多，高點扣更少）。

資料來源：作者整理

在投資指標分析上，若投資指標落在正負一個標準差左右，其經濟強弱程度視為普通；經濟強弱程度 1.1σ～2.1σ 列為強；經濟強弱程度 2.1σ 以上列為很強；經濟強弱程度上 -1.1σ～-2.1σ 為弱；經濟強弱程度上 -2.1σ 以下為很弱。在常態分配上，愈接近左尾的數值，代表美國經濟指標愈差，愈接近右尾的數值，代表美國經濟指標愈佳。

表 6-4-3 美國勞動市場面──從美國勞動市場了解經濟狀態及聯準會政策（1）

指標／統計時間	判斷值／平均值	時間	數據	經濟狀態／聯準會動作
勞動缺口比例 2022／7～2023／10	>2.59％	2023／10	1.82％	弱／降息
勞動力缺口景氣指標 2022／7～2023／10	>-0.93％	2023／10	-1.32％	弱／降息
非農就業擴散指數-1m 2022／7～2023／10	>61	2023／10	52	弱／降息
製造業就業擴散指數 2022／7～2023／10	>52.4	2023／10	42.4	弱／降息
勞動市場空缺率 2022／1～2023／9	>6.41％	2023／9	5.70％	弱／降息
勞動市場招聘率 2022／1～2023／9	>4.06％	2023／9	3.70％	弱／降息
勞動市場自主離職率 2022／1～2023／9	>2.62％	2023／9	2.30％	弱／降息

資料來源：美國勞工統計局、作者整理

如判斷值前方有大於的符號，代表該值愈大愈好；如判斷值前方有小於的符號，代表該值愈小愈好。

表 6-4-4 美國勞動市場面──用美國勞動市場面制訂投資策略（2）

指標／統計時間	判斷值 標準差	時間 數值	差異／σ 指標分數	投資策略 股票／債券 單筆／定期
勞動缺口比例 2022／7～2023／10	>2.59% 0.53%	2023／10 1.82%	-1.43σ 2（弱）	股票／買進／單筆 債券／賣出／單筆 定期不定額
勞動力缺口景氣指標 2022／7～2023／10	>-0.93% 0.33%	2023／10 -1.32%	-1.79σ 2（弱）	股票／買進／單筆 債券／賣出／單筆 定期不定額
非農就業擴散指數 2022／7～2023／10	>61 5.21	2023／10 52	-1.73σ 2（弱）	股票／買進／單筆 債券／賣出／單筆 定期不定額
製造業就業擴散指數 2022／7～2023／10	>52.4 7.04	2023／10 42.4	-1.41σ 2（弱）	股票／買進／單筆 債券／賣出／單筆 定期不定額
勞動市場空缺率 2022／1～2023／9	>6.41% 0.58%	2023／9 5.70%	-1.22σ 2（弱）	股票／買進／單筆 債券／賣出／單筆 定期不定額
勞動市場招聘率 2022／1～2023／9	>4.06% 0.22%	2023／9 3.70%	-1.64σ 2（弱）	股票／買進／單筆 債券／賣出／單筆 定期不定額
勞動市場自主離職率 2022／1～2023／9	>2.62% 0.21%	2023／9 2.30%	-1.54σ 2（弱）	股票／買進／單筆 債券／賣出／單筆 定期不定額

1. 指標分數按照 1 分～5 分區分（1 很弱、2 弱、3 普通、4 強、5 很強）。
2. 平均數正負 1 個標準差（-1.1σ～1.1σ／68%）普通；-1.1σ～-2.1σ 弱，-2.1σ 以下為很弱；
   1.1σ～2.1σ 列為強，2.1σ 以上列為很強。
3. 如判斷值前方有大於的符號，代表該值愈大愈好。
4. 如判斷值前方有小於的符號，代表該值愈小愈好。

資料來源：美國勞工統計局、作者整理

表 6-4-5 美國就業數據面──用美國就業數據了解經濟狀態及聯準會政策(1-1)

指標／統計時間	判斷值	時間	數據	經濟狀態／聯準會動作
勞動參與率 2022／1～2023／10	>62.4%	2023／10	62.7%	強／升息
非農就業月增 2022／7～2023／10	>326 （千）	2023／10	-1.32%	普通／維持原狀
小非農就業月增 2022／7～2023／10	>61 （千）	2023／10	52	弱／降息
營建業就業月增 2022／9～2023／10	>7,912	2023／10	8,033	強／升息
礦業就業月增 2022／9～2023／10	>635	2023／10	646	普通／維持原狀
製造業就業月增 2022／9～2023／10	>12,974	2023／10	12,960	普通／維持原狀
失業率 2022／1～2023／10	<3.61%	2023／10	3.90%	弱／降息
美國初請失業金人數 2022／7～2023／11	<218 （千）	2023／11	217 （千）	普通／維持原狀

資料來源：美國勞工統計局、作者整理

如判斷值前方有大於的符號，代表該值愈大愈好；如判斷值前方有小於的符號，代表該值愈小愈好。

表 6-4-6 美國就業數據面──用美國就業數據了解經濟狀態及聯準會政策(1-2)

指標／統計時間	判斷值	時間	數據	經濟狀態／聯準會動作
連續失業救濟金人數 2022／7～2023／11	<1718 （千）	2023／11	1834 （千）	弱／降息
每周平均工時 2022／8～2023／10	>34.4 時	2023／10	34.3	弱／降息
雇傭成本指數年增率 2020Q1～2023Q3	<3.94%	2023／Q3	4.30%	普通／維持原狀

資料來源：美國勞工統計局、作者整理

如判斷值前方有大於的符號，代表該值愈大愈好；如判斷值前方有小於的符號，代表該值愈小愈好。

表 6-4-7 美國就業數據面──用美國就業數據制訂投資策略（2-1）

指標／統計時間	判斷值 標準差	最新時間 最新數值	差異／σ 指標分數	投資策率 股票／債券 單筆／定期
勞動參與率 2022／1～2023／10	>62.4% 0.21%	2023／10 62.7%	1.45σ 4（強）	股票／賣出／單筆 債券／買進／單筆 定期不定額
非農就業月增 2022／1～2023／10	>326（千） 121（千）	2023／10 -1.32%	-1.07σ 3（普通）	定期定額
小非農就業月增 2022／1～2023／10	>61（千） 5.21（千）	2023／10 52	-1.28σ 2（弱）	股票／買進／單筆 債券／賣出／單筆 定期不定額
營建業就業月增 2022／9～2023／10	>7,912 70.7（千）	2023／10 8,033	1.71σ 4（強）	股票／賣出／單筆 債券／買進／單筆 定期不定額
礦業就業月增 2022／9～2023／10	>635 10.5（千）	2023／9 646	1.08σ 3（普通）	定期定額
製造業就業月增 2022／9～2023／10	>12,974 19.0（千）	2023／9 12,960	-0.72σ 3（普通）	定期定額
失業率 2022／7～2023／10	<3.61% 0.14%	2023／10 3.90%	-2.04σ 2（弱）	股票／買進／單筆 債券／賣出／單筆 定期不定額
美國初請失業金人數 2023／7～2023／11	<218（千） 13.7（千）	2023／11 217（千）	0.1σ 3（普通）	定期定額
連續失業救濟金人數 2023／7～2023／11	<1718（千） 52.7（千）	2023／11 1834（千）	-2.1σ 2（弱）	股票／買進／單筆 債券／賣出／單筆 定期不定額
每周平均工時 2022／8～2023／10	>34.4 時 0.10 時	2023／10 34.3	-1.37σ 2（弱）	股票／買進／單筆 債券／賣出／單筆 定期不定額
雇佣成本指數年增率 2020（Q1～2023Q3）	<3.94% 1.05%	2023／Q3 4.30%	0.34σ 3（普通）	定期定額

資料來源：美國勞工統計局、作者整理

1. 指標分數按照 1 分～5 分區分（1 很弱、2 弱、3 普通、4 強、5 很強）。
2. 平均數正負 1 個標準差（-1.1σ～1.1σ／68%）普通；-1.1σ～-2.1σ 弱，-2.1σ 以下為很弱；
   1.1σ～2.1σ 列為強，2.1σ 以上列為很強。
3. 如判斷值前方有大於的符號，代表該值愈大愈好;如判斷值前方有小於的符號，代表該值愈小愈好。

表 6-4-8 美國物價面──從美國物價了解經濟狀態及聯準會政策（1）

指標／統計時間	判斷值	最新時間	新數據值	經濟狀態／聯準會動作
生產者物價年增率 2021／4～2023／10	<6.89% （正常 2%）	2023／10	1.30%	弱／降息
核心生產者物價年增 2021／4～2023／10	<5.19% （正常 2%）	2023／10	2.90%	弱／降息
消費者物價指數年增 2022／7～2023／10	<5.59% （正常 2%）	2023／10	3.20%	弱／降息
核心消費者物價年增 2022／7～2023／10	<5.40% （正常 2%）	2023／10	4.00%	弱／降息
房價指數年增率 2022／7～2023／10	<5.04%	2023／9	3.95%	普通／維持原狀
所有權人約當租金 2022／7～2023／10	<7.32%	2023／10	6.85%	弱／降息
個人消費支出年增率 2022／7～2023／10	<4.71%	2023／10	3.00%	弱／降息
核心消費支出年增率 2022／7～2023／10	<4.54%	2023／10	3.50%	弱／降息

資料來源：美國勞工統計局、作者整理

如判斷值前方有大於的符號，代表該值愈大愈好；如判斷值前方有小於的符號，代表該值愈小愈好。

表 6-4-9 美國商品物價面——從美國物價了解經濟狀態及制訂投資策略

指標／統計時間	判斷值 標準差	最新時間 最新數值	差異／σ 指標分數	投資策略 股票／債券 單筆／定期
生產者物價年增率 2021／4～2023／10	<6.89% 3.49%	2023／10 1.30%	-1.59σ 2（弱）	股票／買進／單筆 債券／賣出／單筆 定期不定額
核心生產者物價年增 2021／4～2023／10	<5.19% 1.44%	2023／10 2.90%	-1.59σ 2（弱）	股票／買進／單筆 債券／賣出／單筆 定期不定額
消費者物價指數年增 2022／7～2023／10	<5.59% 1.93%	2023／10 3.20%	-1.23σ 2（弱）	股票／買進／單筆 債券／賣出／單筆 定期不定額
核心消費者物價年增 2022／7～2023／10	<5.40% 0.76%	2023／10 4.00%	-1.84σ 2（弱）	股票／買進／單筆 債券／賣出／單筆 定期不定額
房價指數年增率 2022／7～2023／10	<5.04% 4.94%	2023／9 3.95%	-0.22σ 3（普通）	定期定額
所有權人約當租金 2022／7～2023／10	<7.32% 0.67%	2023／10 6.85%	-0.70σ 3（普通）	定期定額
個人消費支出年增率 2022／7～2023／10	<4.71% 1.12%	2023／10 3.00%	-1.54σ 2（弱）	股票／買進／單筆 債券／賣出／單筆 定期不定額
核心消費支出年增率 2022／7～2023／10	<4.54% 0.42%	2023／10 3.50%	-1.49σ 2（弱）	股票／買進／單筆 債券／賣出／單筆 定期不定額

1. 指標分數按照 1 分～5 分區分（1 很弱、2 弱、3 普通、4 強、5 很強）。

2. 平均數正負 1 個標準差（-1.1σ～1.1σ／68%）普通；-1.1σ～-2.1σ 弱，-2.1σ 以下為很弱；
   1.1σ～2.1σ 列為強，2.1σ 以上列為很強。

3. 如判斷值前方有大於的符號，代表該值愈大愈好;如判斷值前方有小於的符號，代表該值愈小愈好。

前文說明勞動市場投資指標、就業數據投資指標及物價指標後，統整分析如下（參考表6-4-10）：

綜合投資指標分為：1.勞動市場投資指標、2 就業數據投資指標、3 物價指標 3 個構面分析。

勞動市場投資指標有 7 個弱項（100％）

就業數據投資指標有 4 個弱項（36％）、5 個普通（46％）及 2 個強項（18％）

物價指標有 6 個弱項（75％）及 2 個普通（25％）

表 6-4-10 分析美國勞動市場、就業數據及物價各項指標的經濟狀態

勞動市場構面／經濟狀態	就業數據構面／經濟狀態	物價面／經濟狀態
1 勞動市場缺口比例／弱	8 勞動參與率／強	19 生產者物價年增／弱
2 勞動力缺口景氣指標／弱	9 非農就業月增／普通	20 核心生產者物價年增／弱
3 非農就業擴散指數／弱	10 小非農就業月增／弱	21 消費者物價指數年增／弱
4 製造業就業擴散指數／弱	11 營建業就業月增／強	22 核心消費者物價年增／弱
5 勞動市場空缺綠／弱	12 礦業就業月增／普通	23 房價指數年增率／普通
6 勞動市場招聘率／弱	13 製造業就業月增／普通	24 所有權人約當租金／普通
7 勞動市場自主離職率／弱	14 失業率／弱	25 個人消費支出年增率／弱
	15 初請失業金人數／普通	26 核心消費支出年增率／弱
	16 連續失業救濟金人數／弱	
	17 每周平均工時／弱	
	18 雇傭成本指數年增率／普通	

資料來源：作者整理

6-5 從 20 年美國利率史看未來趨勢

一般來說，美國聯準會只要降息，債券價格就可能上漲（尤其是長債，資本利得愈多），那是否應該一降息就買去債券？其實不管降息與否，債券或股票原本就是以資產配置為出發點，還是適合長期投資。

降息時市場較會呈現多頭狀態，建議股債的黃金比例為 6：4，可以趁著低點進場布局、降低持有成本。尤其長債資本利得影響較大，可以考量定期定額分批進場（聯準會降息，是考量經濟不確性及勞動市場偏弱）；短債可以考量單筆進場鎖利及賺取資本利得（因為最差持有至到期，並可降低債券違約風險，可較早拿到本金）。短線可先以考慮中短天期高評級個別債券、ETF 或基金，等到聯準會降息動作更為明確時，再加碼長天期個別債券、ETF 或債券基金。另外，降息時期黃金也是不錯的標的。

為了讓讀者了解過去美國 20 年利率史，本章特別整理並提供美國及其他金融市場在降息後表現，以及降息時黃金的績效，讓讀者可以在降息前獲得重要資訊，以利制訂投資策略。

2008 年以前，美國聯準會沒有提供金融機構（商業銀行）給付準備金利率，也就是說，商業銀行存在聯準會（中央銀行）的法定準備金及超額準備金，利息都是 0，除非是商業銀行超額準備金（法定準備金要放置央行）拆借出去才會有收益。所以商業銀行並不願意將多餘的資金放置超額準備金中，因此當時商業銀行的超額準備金相當少（因為沒有利息）。後來美國進入低利率時期，美國聯準會為了在低利率的環境中也能有效影響利率，因此就提供法定準備金利率（Interest Rate on Required Reserves, IORR）及超額準備金利率（Interest Rate on Excess Reserves , IOER）。

在 2008 年金融危機前，並沒有規定商業銀行利率的上下限，直到 2008 年 10 月，聯準會開始對存款準備金支付利息，當初的想法是經由對超額存準金付息，讓超額準備金利率形成利率區間體系的下限，而形成聯邦基金利率，也稱為聯邦基金目標利率範圍。因此 2008 年以前它是單一數值，後來變成一個利率區間，有上限及下限，例如 5.25％～5.50％（2023 年 12 月利率範圍）。

表 6-5-1 近 20 年美國利率總整理

時間	美國經濟狀態	調整基點	調整後利率
2001／1／3	2000 年網路泡沫	↓ 50	6.00％
2001／1／31	2000 年網路泡沫	↓ 50	5.50％
2001／3／20	2000 年網路泡沫	↓ 50	5.00％
2001／4／18	2000 年網路泡沫	↓ 50	4.50％
2001／5／15	2000 年網路泡沫	↓ 50	4.00％
2001／6／27	2000 年網路泡沫	↓ 25	3.75％
2001／8／21	2000 年網路泡沫	↓ 25	3.50％
2001／9／17	2000 年網路泡沫	↓ 50	3.00％
2001／10／2	2000 年網路泡沫	↓ 50	2.50％
2001／11／6	2000 年網路泡沫	↓ 50	2.00％
2001／12／11	2000 年網路泡沫	↓ 25	1.75％
2002／11／6	（調降 1 次利率）	↓ 50	1.25％
2003／6／25	（調降 1 次利率）	↓ 25	1.00％
2004／6／30	房市泡沫	↑ 25	1.25％
2004／8／10	房市泡沫	↑ 25	1.50％
2004／9／21	房市泡沫	↑ 25	1.75％
2004／11／10	房市泡沫	↑ 25	2.00％
2004／12／14	房市泡沫	↑ 25	2.25％
2005／2／2	房市泡沫（違約開始）	↑ 25	2.50％
2005／3／22	房市泡沫（次貸危機）	↑ 25	2.75％
2005／5／3	房市泡沫（次貸危機）	↑ 25	3.00％
2005／6／30	房市泡沫（次貸危機）	↑ 25	3.25％
2005／8／9	房市泡沫（次貸危機）	↑ 25	3.50％
2005／9／20	房市泡沫（次貸危機）	↑ 25	3.75％
2005／11／1	房市泡沫（次貸危機）	↑ 25	4.00％
2005／12／13	房市泡沫	↑ 25	4.25％
2006／1／31	房市泡沫（次貸危機）	↑ 25	4.50％
2006／3／28	房市泡沫（次貸危機）	↑ 25	4.75％
2006／5／10	房市泡沫（次貸危機）	↑ 25	5.00％
2006／6／29	房市泡沫 2004～2007 共升息 17 次	↑ 25	5.25％

資料來源：作者整理

時間	美國經濟狀態	調整基點	調整後利率
2007／9／18	金融危機開始（2007 年 4 月第二大房貸新世紀破產）	↓50	4.75％
2007／10／31	2007／6 美國第五大券商貝爾斯登旗下與房貸有關的兩個旗艦對沖基金宣布巨幅虧損	↓25	4.50％
2007／12／11	瑞銀（UBS）10 月 1 日發表發表報告稱，受美國次級住房抵押貸款市場危機影響，銀行虧損	↓25	4.25％
2008／1／22	2007 年 12 月 12 日多國央行聯手協作緩解次級債危機	↓75	3.50％
2008／1／30	2008 年 1 月 4 日，美國銀行業協會資料顯示，消費者信貸違約現象加劇，逾期還款率升至 2001 年以來最高	↓50	3.00％
2008／3／18	2008 年美國 1 月非農就業人數減少1.8 萬，為超過 4 年來首次減少	↓75	2.25％
2008／4／30	花旗集團計畫裁減旗下投資銀行部門約 6,500 名員工	↓25	2.00％
2008／10／8	2008 年 5 月 6 日房利美宣布第一季度損失 21.9 億美元	↓50	1.50％
2008／10／29	2008 年 6 月 9 日雷曼兄弟預期季度虧損 28 億	↓50	1.00％
2008／12／16	2008 年 8、9 月，房利美、房地美陷入財政危機，被美國政府接管。9 月 15 日，美林證券被美國銀行收購和保險業巨擘－美國國際集團（AIG）爆發財務危機，由聯準會提出 850 億美元收購該公司 79.9％的股份	↓100	0.25％
2009／1／28	利率不動	不變	0.25％
2010／2／18	利率不動	不變	0.25％
2011／1／27	利率不動	不變	0.25％
2012／1／26	利率不動	不變	0.25％
2013／1／31	利率不動	不變	0.25％
2014／1／30	利率不動	不變	0.25％

時間	美國經濟狀態	調整基點	調整後利率
2015／1／29	利率不動	不變	0.25％
2015／12／17	勞動力市場狀況已有相當大的改善	↑25	0.50％
2016／12／15	2015 年 12 月核心個人消費支出物價指數通膨率為 1.1％，遠低於聯準會目標	↑25	0.75％
2017／3／16	經濟復甦	↑25	1.00％
2017／6／15	經濟復甦	↑25	1.25％
2017／12／14	經濟復甦	↑25	1.50％
2018／3／22	2018 年核心個人消費支出物價指數通膨率 3 月才達到 2％ 大關	↑25	1.75％
2018／6／14	經濟變好	↑25	2.00％
2018／9／27	經濟變好	↑25	2.25％
2018／12／20	經濟逐漸變好	↑25	2.50％
2019／8／1	美國和中國貿易戰	↑25	2.25％
2019／9／19	美國和中國貿易戰	↓25	2.00％
2019／10／31	美國和中國貿易戰	↓25	1.75％
220／3／3	2020 年 1 月 29 日，美國經濟陷入新冠肺炎造成的衰退	↓50	1.25％
2020／3／16	新冠肺炎造成的衰退	↓100	0.25％
2022／3／17	全球進入高通膨，美國也是	↑25	0.50％
2022／5／5	打通膨	↑50	1.00％
2022／6／16	打通膨	↑75	1.75％
2222／7／27	打通膨	↑75	2.50％
2022／9／21	打通膨	↑75	3.25％
2022／11／2	打通膨	↑75	4.00％
2022／12／14	打通膨	↑50	4.50％
2023／2／1	打通膨	↑25	4.75％
2023／3／22	打通膨	↑25	5.00％
2023／5／3	打通膨	↑25	5.25％
2023／7／26	打通膨	↑25	5.50％

資料來源：作者整理

前面已提供美國近 20 年聯準會升降息的紀錄及原因，另表 6-5-2 提供美國聯準會升降息對於金融商品的影響及結果，以利讀者掌握投資金融商品的契機。

表 6-5-2 美國聯準會升降息對金融商品的影響

金融商品	降息影響	升息影響	結果
股票	正面	負面	利率和股市呈反向關係，降息降低投資成本，讓股市較為活躍，反之亦然。
美元	負面	正面	利率和美元呈正向關係，當美國降息，引起資金流出利率高的國家，故利率和美元呈正向的關係，反之亦然。
美元指數	負面	正面	同上
債券	正面	負面	利率和債券價格呈反向的關係，利率下跌會造成債券價格上漲，反之亦然。
保險	負面	正面	利率和保險（利率變動型商品）呈反向的關係，因為利率降低造成利率變動型的利息減少，反之亦然。
不動產	正面	負面	利率和不動產呈反向關係，當利率低會造成還款利息少，投資不動產就會增加，反之亦然。
黃金	正面	負面	利率和黃金呈反向關係，當商品價值（黃金）提高，就表示貨幣相對（美元）貶值。反之，商品價值（黃金）減少，則代表貨幣相對（美元）升值。目前全球大宗商品（黃金、原油及原物料）交易主要以美元定價，當美元貶值，以美元計價的黃金，對於其他貨幣持有者來說，就顯得便宜了，這將刺激黃金的需求增加；當利率低，美元貶值，美元貶值造成大宗商品需求增加，反之亦然。
原油	正面	負面	同上
原物料	正面	負面	同上

資料來源：作者整理

舉美國 2023 年下半年的數據為例，美國經濟進入軟著陸甚至逐漸衰退，因此聯準會將採取降息因應。從 2023 年 10 月以來，美國 10 年期公債價格上漲造成公債殖利率下跌、美國股市上揚（參考下表），及美元指數下跌造成美元稍貶，形成黃金價格漲（參考表 6-5-5）。上述現象皆是提早反映美國聯準會將會降息而導致的，而且從美國利率點陣圖及 30 天聯邦基金期貨定價數據皆推估，美國最快在 2024 年第二季或第三季降息。

表 6-5-3 美國及其他金融市場在降息後的表現

金融市場	降息後半年上漲比例	降息後一年上漲比例
美國股市	12.6%	21.49%
已開發國家股市	9.8%	15.19%
新興市場股市	0.7%	6.69%
美國公債	5.2%	2.09%
新興市場債	15.4%	27.29%
美國高收益債	6.7%	8.29%
美國投資等級公司債	6.1%	2.59%

資料來源：Bloomberg、作者整理

表 6-5-4 聯準會降息期間美股表現

期間	天數	利率變化	股市漲跌幅
1995／7／5～1996／1／31	144	6.00%→5.25%	16.22%
1998／9／28～1998／11／17	34	5.50%→4.75%	8.64%
2001／1／2～2006／6／25	622	6.50%→1.00%	-26.13%
2007／9／17～2008／12／16	313	5.25%→0.25%	-38.16%
2019／7／31～2019／10／31	92	2.25%→1.50%	19%

資料來源：Bloomberg、作者整理（以 S&P 500 指數為參考指標）

表 6-5-5 聯準會降息時黃金的績效

年份	黃金績效
2001	1.41%
2002	23.96%
2003	21.74%
2007	31.59%
2008	3.41%
2019	18.83%
2020	24.43%

資料來源：Bloomberg

先前介紹美國聯準會降息後影響各金融商品的績效，但 2022 年第一批布局投資債券的人，到 2023 年不只沒解套，還虧損兩成以上，因為並不是利率下跌，債券價格就上漲。因為美國通膨及就業市場數據起起伏伏，另外，美國即使停止升息，也不代表就要降息，因為只要通膨死灰復燃，聯準會還是可能繼續升息。

按照歷史經驗，股票與債券兩種金融商品的關係就像蹺蹺板，當債券漲，另一邊股票就會跌，但 2022 年股債雙跌是少見的情況，因此在操作上就建議在債券及股票用定期定額的方式，然後加上被動式 ETF 的投資策略，才會讓自己的投資風險互相抵銷。

舉台灣金融市場為例，股票就可以配置指數型的市值型 0050（元大寶來台灣卓越 50 證券投資信託基金），加上兩檔高股息 0056（元大寶來台灣高股息證券投資信託基金）或 00878（國泰永續高股息），這樣就可以享有市值成長加上每月高配息的穩定感。股票 ETF 可以配置在國內，債券配置就可考慮美國債券市場（規模大及選擇性多），如美國公債為主的00679B（元大美債 20 年），但不要考慮美國公司債，因為公司債和股票

連動性高，較無法降低股債配置的風險，所以讀者可以選擇國內熟悉的
ETF 及搭配風險極低的美國公債。

　　美國是經濟大國，聯準會任何貨幣政策皆會影響全球，因為匯率受兩
國之間的相對利率影響，資金從利率低的轉向利率高的國家。從圖 6-5-1
可看出，美國利率相對高，所以對新台幣升值；另從圖 6-5-2 可發現，利
率上升時，美國 S&P 500 指數通常會下跌。

圖 6-5-1　美國基準利率和新台幣匯率的關係

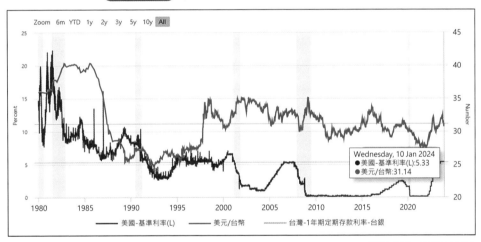

資料來源：財經 M 平方

圖 6-5-2　美國 S&P 500 在升息後的表現

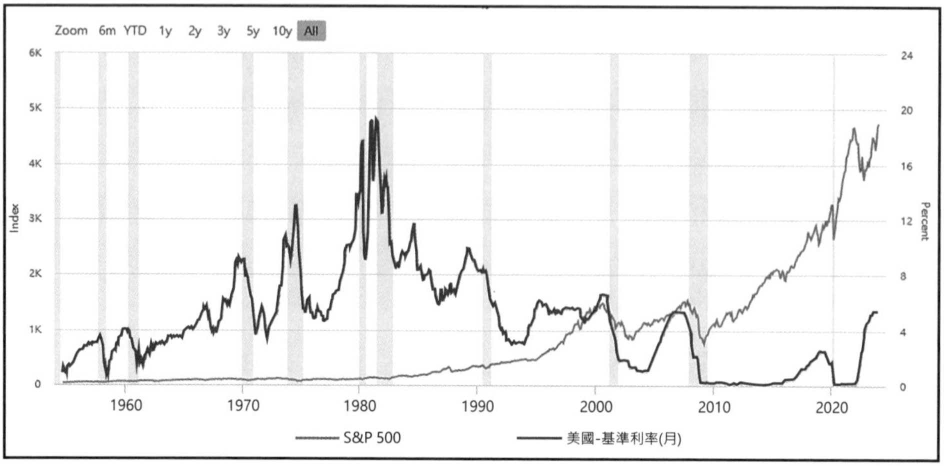

資料來源：財經 M 平方

本章重點快速瀏覽

1. 利用美國聯準會經濟預測推估美國貨幣政策及利率趨勢，來判讀美國經濟及金融市場的走勢。

2. 利用美國利率點陣圖預測推估美國貨幣政策及利率趨勢，來判讀美國經濟及金融市場的走勢。

3. 利用 30 天聯邦基金期貨定價數據 FedWatch 推估美國貨幣政策及利率趨勢，來判讀美國經濟及金融市場的走勢。

4. 利用綜合投資指標推估美國貨幣政策及利率趨勢，來判讀美國經濟及金融市場的走勢。

5. 美國利率總整理，提供讀者美國過去 20 年的利率史，來判讀當時美國經濟及金融市場的走勢，以利提早制訂投資策略。

台灣廣廈 國際出版集團
Taiwan Mansion International Group

國家圖書館出版品預行編目（CIP）資料

一口氣看懂世界金融關鍵指標成為投資大贏家：STEP BY STEP 由權威單位下載歷史資料，讓你對全球景氣動向產生直覺反應 / 劉教授著.
-- 初版. -- 新北市：財經傳訊, 2024.04
面； 公分（view；70）
ISBN 978-626-7197-57-8(平裝)
1.CST: 投資　2.CST: 投資分析　3.CST: 景氣預測

563.5　　　　　　　　　　　　　　　　113002400

財經傳訊
TIME & MONEY

一口氣看懂世界金融關鍵指標成為投資大贏家
STEP BY STEP 由權威單位下載歷史資料，讓你對全球景氣動向產生直覺反應

作　　　者／劉教授

編輯中心／第五編輯室
編 輯 長／方宗廉
封面設計／張天薪
製版・印刷・裝訂／東豪・弼聖・秉成

行企研發中心總監／陳冠蒨
媒體公關組／陳柔彣
綜合業務組／何欣穎

線上學習中心總監／陳冠蒨
數位營運組／顏佑婷
企製開發組／江季珊、張哲剛

發 行 人／江媛珍
法 律 顧 問／第一國際法律事務所 余淑杏律師・北辰著作權事務所 蕭雄淋律師
出　　　版／財經傳訊
發　　　行／台灣廣廈有聲圖書有限公司
地址：新北市235中和區中山路二段359巷7號2樓
電話：（886）2-2225-5777・傳真：（886）2-2225-8052

代理印務・全球總經銷／知遠文化事業有限公司
地址：新北市222深坑區北深路三段155巷25號5樓
電話：（886）2-2664-8800・傳真：（886）2-2664-8801
郵 政 劃 撥／劃撥帳號：18836722
劃撥戶名：知遠文化事業有限公司（※單次購書金額未達1000元，請另付70元郵資。）

■出版日期：2024年4月
ISBN：978-626-7197-57-8